看懂中国金融

周 安 ◎ 著

KANDONG
ZHONGGUO JINRONG

企业管理出版社
ENTERPRISE MANAGEMENT PUBLISHING HOUSE

图书在版编目（CIP）数据

看懂中国金融 / 周安著 . -- 北京：企业管理出版社，2023.10

ISBN 978-7-5164-2865-8

Ⅰ . ①看… Ⅱ . ①周… Ⅲ . ①金融—研究—中国
Ⅳ . ① F832

中国国家版本馆 CIP 数据核字 (2023) 第 130215 号

书　　名：	看懂中国金融
书　　号：	ISBN 978-7-5164-2865-8
作　　者：	周　安
策　　划：	刘玉双
责任编辑：	刘玉双
出版发行：	企业管理出版社
经　　销：	新华书店
地　　址：	北京市海淀区紫竹院南路17号　　邮　　编：100048
网　　址：	www.emph.cn　　电子信箱：metcl @126.com
电　　话：	编辑部（010）68701661　　发行部（010）68701816
印　　刷：	三河市荣展印务有限公司
版　　次：	2023年10月第1版
印　　次：	2023年10月第1次印刷
开　　本：	710mm × 1000mm　　1/16
印　　张：	14印张
字　　数：	204千字
定　　价：	68.00元

版权所有　　翻印必究　　·　　印装有误　　负责调换

序言

改革开放至今四十多年的历程中，中国金融市场快速发展，对于金融市场参与者来说，认识日益复杂的金融市场，并将其内在逻辑梳理清楚，是十分必要的，同时，这也是一个挑战。周安博士撰写的《看懂中国金融》一书从不同角度剖析和梳理了中国金融市场的运行机制，揭示了中国金融系统的内在逻辑及其与世界金融市场的联系。

全书分为三个部分，即中国金融发展的底层逻辑、中国金融发展的溢出效应以及中国金融发展的外部性，涵盖了货币政策、汇率、黄金、金融稳定、金融风险、金融科技、数字经济等多个领域。周安博士在商业银行总行从事投资交易多年，对于商品市场有着自己的认识，本书"黄金价格的逻辑"等章节都是其多年的工作笔记总结，是实实在在通过无数次投资交易换回的经验，非常值得借鉴。

此外，本书还就如何应对金融风险，如何看待金融科技以及有关养老金融、数字经济等的问题有前瞻性的指引，为大家看清金融细分领域的发展趋势提供了参考。

"前瞻性指引"一词，起源于央行对于市场的预期管理。回顾美联储货币政策历史，格林斯潘任职的末期，他在非理性繁荣时期匆忙加息，最终酿成了互联网泡沫；随后，美联储政策大幅转向，导致降息之后各银行利润不足，在一定程度上引发了次贷危机。也是在那之后，前瞻性指引开始被使用，事实也证明它对于当时的货币政策起到了重要的补充作用。第一轮量化宽松政策的执行在一定程度上拯救了美国的金融体系，而面对第二轮量化宽松政策，其他各国央行纷纷反对，美联储依然坚持，因为根据埃文斯法则，量化宽松在美国的失业率没有降到6%以下时是不能停止的。从后续看，第三轮量化宽松操作和之后的量化宽松停止都是遵照埃文斯法则在对就业率有充分监测后进行的。可以看到，当时美联储的三轮操作是有前瞻性指引的。

鲍威尔接任美联储主席后，虽也提到过前瞻性指引，但从结果看，其弱化了前瞻性指引的作用。2023年3月，美国硅谷银行被接管。我们应该看到，这是系统性事件，当年大量短期资金快速流入时，很多中小银行将资金直接投入非标资产或者债券中，但猛烈加息使得这部分资金在银行的可持有到期账户里被全部套住。后续企业要取款时，银行难以将可持有到期账户变现，于是出现亏损，导致硅谷银行崩塌。硅谷银行有自身管理的问题，但危机的发生也与美联储货币政策目标不明确有关，更为重要的一点是，美联储放弃了以前比较有效的前瞻性指引。对于美联储来说，前瞻性指引是货币政策管理的重要辅助工具。

前瞻性指引的必要性主要体现在预期管理上，关键经济行为的参与者，像企业家、居民、地方政府，都需要进行前瞻性决策，而这仅仅依靠相对滞后的数据很难完成，非常需要政策制定者给予明确的前瞻性指引。因此，前瞻性指引在中国经济、金融发展过程中将扮演非常重要的角色。在全球范围内，中国人民银行的专业水平是一流的，全面注册制的推出、专精特新的体系化以及财富管理的逐步完善，包括个人养老金的推出等，一系列举措对实体经济，尤其是科技领域有直接提振作用。未来，在前瞻性指引金融的支持之下，我们的实体经济、科技发展十分值得期待。

在未来的金融市场发展中，我们会不断遇到新问题、新挑战。《看懂中国金融》为我们提供了把握市场动向、严密防范风险的有效方法。我相信本书将给广大读者带来深刻的启示，它不仅能帮助我们更好地理解金融市场，还有助于我们树立投资与财富管理的理念。

最后，希望周安博士可以笔耕不辍，将自己在金融市场实务中的所思所想记录下来，继续与大家分享。

姚余栋

央行金融研究所前所长

大成基金副总经理、首席经济学家

2023 年 7 月 1 日

前言

时代在不断变迁,岁月依旧安好。有人抱怨,这个时代给我们的机会太少。其实不然,再没有哪个时代能让我们拥有如此多的机遇与选择,我们身处历史长河之中,伴随着颗颗璀璨明珠,正执掌乾坤、创造历史。不同时代的人们,有着不同的际遇,亦有着不同的使命。

岁月如歌,回望历史,人类社会发展的历史是部金融史。

从一般等价物开始,人们赋予了商品货币职能,这时的一般等价物为大众所接受,用自身的实际价值表征着其所代表的价值。最早充当一般等价物的是粮食等通用商品,那时的人们不知道什么是通货膨胀。后来,聪明的人们不愿被沉重的一般等价物所拖累,于是开始寻求一种轻便的物品作为交换媒介。贝壳、石头乃至铜块,这些已经初具货币耐磨性的"古币",在投机分子大量伪造的情况下,尚未普及就匆匆退出了历史舞台。投机,有时促进了社会的发展,使其快速寻找到锚定的点,并趋于均衡。

金银作为稀有矿产,彼时开采难度较大,开采速度同经济增长具有一定的相适性,一直充当着货币。在这一时期,人们开采金银所花费的必要劳动时间,就是金银货币所承载的价值。

随着经济的发展,金银的开采量也逐步增加,货币的增发与经济的发展步调一致。直到社会发展进程中出现了君王，开始铸造铜币，朝廷为其背书，铜币具备了现代货币的诸多特性。然而，一些君王极度膨胀的物质欲望，已不能通过单一的税赋征收来实现。发行小铜钱，强行兑换以往的大铜钱，再回炉重铸，超发货币在古代君王那里诞生了。这是一个"伟大"的发明，为古代统治阶级收取铸币税提供了一种更为隐蔽的方法。好在以往的铜钱依旧有铜的价值，即便货币超发一倍，通过若干年的休养生息，去杠杆化之后，还能使经济逐渐趋于稳定。

历史的车轮滚滚向前，为了帮助有抵押物的融资者融资，银号、当铺出现了，并开遍了中国大江南北。这一刻，开始有了金融服务机构，开始有了资源的有效配置，现代金融的雏形显现。将目光锁定南宋，交子成为世界上最早的纸币，后因为发行交子的商号信誉问题而谢幕，但这仍是人类历史上第一次对纸币的尝试，奠定了现代货币理论的基础。

峰回路转，走向近代，随着印钞技术水平的提高，各国中央政府开始发行基于政府信用的纸币。中国纸币诞生虽早，却命运坎坷。民国各大军阀割据一方，混战不断，为了剥削百姓，筹集军费，大量超发军票，老百姓第一次感受到了恶性通货膨胀，实体经济的发展也因此受到重创。中华人民共和国成立以后，统一了法定货币，在计划经济时代，由粮票与货币双轨制来保障商品供给。改革开放以后，中国特色社会主义市场经济体制得以建立，银行、保险、证券、金融租赁等业务相继开展，多元化金融服务体系在中国建立并不断完善。

迈入互联网时代，一场金融科技革命能否塑造金融新秩序？科技能颠覆传统金融的格局吗？众多知名学者与业内人士对此展开了激烈争辩。但是，问题不能一概而论。能否触动金融的本质，是否改变了人们的金融思维方式，有没有打破传统金融习惯，都是判别金融科技是否应被定义为金融历史革命的依据。这种争辩使得金融科技的发展充满了曲折：一边是力挺者的鼓励，另一边又是唱空者的讥讽。真理往往是经过无数次的试错之后才被发现,它需要从业者的耐心与细致,需要一批有定力的参与者来创造历史的奇迹。互联网造就了金融科技,金融科技包含很多模式,有的颠覆了人们传统的金融习惯,有的并未触动传统金融运作的模式,只是将互联网作为渠道。我们不能否认金融科技的历史地位,亦无须夸大其影响,以一颗平常心静观其发展,让时间去检验判断,让历史去铭记今日。

历史的马车依旧在加速前行,不知过往的轨迹能否影响未来,创新的脚步却从未停止!过去十几年,比照历史发展规律、国际经验,我一直在思考中国经济社会发展中的很多问题,尝试总结其中的一些规律与趋势。本书意在总结自己十几年思考的成果,与大家分享,也希望大家能从独立的视角看懂中国金融,洞悉其中的底层逻辑。

周安

2022 年 10 月于北京首钢园

目录

上篇　中国金融发展的底层逻辑

第1章　货币与货币政策逻辑

第1节　信用规模扩大与经济增长——谁是因，谁是果 / 2

第2节　降准、降息的那些事儿——兼论货币政策的传导逻辑 / 8

第3节　汇率的本质是什么？——兼谈汇率定价机制 / 14

第4节　国际货币体系变革及中国的作用 / 19

第2章　中国银行业发展与金融稳定

第1节　当前商业银行面临的形势与问题 / 27

第2节　银行竞争、影子银行与货币政策有效性 / 38

第3节　银行竞争、信贷成本与利率市场化 / 52

第4节　中国商业银行的效率效应 / 61

第5节　中国商业银行内部影响与溢出效应 / 67

中篇　中国金融发展的溢出效应

第 3 章　金融周期与周期性金融化

第 1 节　金融周期与周期性金融化——债券的视角 / 76

第 2 节　服务实体经济是金融创新的基石 / 83

第 4 章　黄金价格的逻辑

第 1 节　黄金价格的内在逻辑与衍生品税收征管 / 85

第 2 节　美元指数与黄金价格相关性之谜——一定负相关吗 / 92

第 3 节　分析黄金价格的若干理论框架——资产定价方法 / 95

第 5 章　文化与金融——不可忽视的力量

第 1 节　文化与金融的关系——概念与界定 / 98

第 2 节　文化对金融的促进作用——历史的借鉴 / 102

第 3 节　文化增强金融发展内生动力 / 108

第 6 章　如何应对经济金融风险

第 1 节　应对金融风险的货币政策逻辑——发达经济体银行业发展历程的视角 / 110

第 2 节　美国次贷危机与欧洲主权债务危机的应对经验与启示 / 120

第 3 节　银行的信用风险与破产风险 / 142

第 4 节　化解金融机构风险的方法与路径 / 149

下篇　中国金融发展的外部性

第 7 章　经济发展与金融科技的外部性

第 1 节　大数据与云计算——提升金融效率 / 152

第 2 节　金融科技发展趋势——不改变金融逻辑 / 159

第 8 章　人口红利与养老金融

第 1 节　技术进步、刘易斯拐点与平均利润率——劳动力供求及价格变化的视角 / 165

第 2 节　第三支柱养老金在发达国家发展的经验借鉴 / 170

第 3 节　户籍与社会保障制度改革激发人力资本活力 / 182

第 9 章　数字经济与数字货币

第 1 节　从金融本质看民间"数字货币" / 192

第 2 节　数字货币与金融安全——兼论 Libra 数字货币的发展 / 198

第 3 节　信用扩张、数字经济发展与稳增长 / 203

后　记 / 209

上篇

中国金融发展的底层逻辑

第1章
货币与货币政策逻辑

第 1 节
信用规模扩大与经济增长——谁是因，谁是果

2022年3月29日，中共中央办公厅、国务院办公厅印发了《关于推进社会信用体系建设高质量发展 促进形成新发展格局的意见》（以下简称《意见》），《意见》提出，完善的社会信用体系是供需有效衔接的重要保障，是资源优化配置的坚实基础，是良好营商环境的重要组成部分，对促进国民经济循环高效畅通、构建新发展格局具有重要意义。

什么是信用？一说起信用，大多数人会想到"老赖""限制消费""征信贷款"等个人信用体系中的常用词。对于信用的定义，国内信用管理领域的专家吴晶妹[①]认为：信用是获得信任的资本；信用是其拥有者社会关系与社会交易活动的价值体现；信用由意愿、能力与行为结果构成；信用最终通过社会关系的声誉、经济交易的授信额度、行为记录与评价

---
① 吴晶妹. 三维信用论[M]. 北京：当代中国出版社，2013.

等表现出来。信用总规模一般以 GC（Gross Credit）表示，是指能够量化的、最广义的信用交易的规模。具体地说，信用总规模是一个国家或地区能够计量的全部信用交易总量，是四大部门即政府部门、金融部门、非金融企业部门和居民部门的信用规模的总和，亦是各类信用工具，包括债券、贷款、商业赊购款、货币、存款余额的合计。可以说，这一定义将信用的内涵、外延都明晰地定义出来，为后续的讨论提供了便利。

近年来，对于信用规模扩大与经济增长之间关系的研究不断发展，但是，到底是信用总规模的扩大促进了经济的有效增长，还是经济的有效增长促进了信用总规模的扩大，这一直是学术界与业界讨论的一个焦点。如果是前者，则只要不断扩大信用总规模，就可以使经济持续增长；如果是后者，则信用规模是经济增长的附属品。诺贝尔经济学奖得主 Friedman[1] 深入分析了信用的不同层次对宏观经济所起的作用，为将信用活动纳入宏观经济模型奠定了基础。国外学者 Fackler[2] 通过研究美国的信用情况，指出美国的私人非金融债务总额与实际经济增长之间存在相对稳定的比例关系。但是，这种关系是单向的还是双向的？其传导逻辑又是什么呢？

◇ **学界观点**

研究学术界对这个问题的各种观点，有利于我们剖析内部传导逻辑和路径，开展更深层次的分析与研究。对于信用总规模扩大与经济增长之间的关系，前期学界成熟的观点主要有三种。

---

[1] Friedman B M. The Relative Stability of Money and Credit Velocity in the United States: Evidence and Speculations[M]. NBER Working Paper, 1981.
Friedman B M. Debt and Economic Activity in the United States [M]. Chicago: The University of Chicago Press, 1982.
[2] Fackler James S. Federal Credit, Private Credit and Economics Activity [J]. Journal of Money, Credit and Banking, 1990.

第一种观点是，信用总规模扩大单向促进经济增长。国内学者高波、钱蓁[1]对美国、德国和日本三个国家经济快速增长时期的信用数据进行了分析，得出结论：信用交易规模，尤其是消费信用交易规模的猛增是美国1947—1969年经济高速增长的原因；对外贸易信用交易规模的扩张助推了德国20世纪50年代到80年代的"经济奇迹"；消费信用规模的增长创造了20世纪50年代到80年代的"日本奇迹"。Gregorio[2]则指出信贷约束压抑了人力资本和物质资本的积累，从而延缓了经济发展。Pereira[3]研究一个经济中企业信贷约束和消费者信贷约束同时存在的情况下，信贷约束的解除对经济发展的影响，企业信贷约束的解除有利于经济增长，而消费信贷约束的解除并不能起到同样的作用，这是因为消费信贷的增长将资金从有效率的生产部门转移到了效率较低的消费部门。

冉茂盛等[4]依据中国改革开放以后的相关宏观经济数据，对中国的金融发展与经济增长关系进行了实证分析，认为中国的金融发展对经济增长具有显著的促进作用，但经济的增长并不促进金融发展，二者之间是单向的关系。谈儒勇[5]也通过实证研究得出结论：中国金融中介体系发展和经济增长之间有显著的、很强的正相关关系，这意味着中国金融中介体系的发展促进经济增长。

第二种观点是，经济增长单向促进信用总规模扩大。学者梁琪、滕建州[6]对中国的经济增长、金融发展以及影响经济增长的其他指标之间的关系

---

[1] 高波，钱蓁.信息不对称、信用制度与经济增长［J］.南京社会科学，2003，（11）：14–19.
[2] José de Gregorio. Borrowing Constraints, Human Capital Accumulation and Growth［J］. Journal of Monetary Economic, 1996.
[3] Maria da Conceicao Costa Pereira. The Effects of Households and Firms Borrowing Constraints on Economic Growth［J］. Portuguese Economic Journal, 2008, 7（1）: 1–16.
[4] 冉茂盛，张宗益，钟子明.中国经济增长与金融发展关联性的实证分析［J］.重庆大学学报，2003，（2）：136–140.
[5] 谈儒勇.中国金融发展和经济增长关系的实证研究［J］.经济研究，1999，（10）：53–61.
[6] 梁琪，滕建州.我国金融发展与经济增长之因果关系研究［J］.财贸经济，2006，（7）：34–96.

进行了实证分析，研究结果显示，中国金融发展与经济增长间存在着由经济增长到金融发展的单向因果关系。Ferri和Simon在1997年运用消费金融的调查数据，找到经济衰退期信贷受约束的家庭数字，证明了在经济衰退期间，信用度较低的贷款人能得到的信贷额度要比信用度高的贷款人少很多。

第三种观点是，信用总规模与经济增长之间并非单向传递关系。吴晶妹、李诗洋[1]选取美国与中国的历史数据作为研究对象，分析信用活动和信用交易规模与经济增长之间的内在关系和规律，认为经济增长和信用规模扩张互相影响，互为因果。康继军等[2]运用季度数据，使用向量误差修正模型探讨研究对象的金融发展与GDP增长的长短期因果关系，得出结论：不同国家的金融发展与GDP增长之间有不同的关系，因此，信用总规模与经济增长之间并非简单的单向传递关系。

◇ **中国视角**

回到中国的故事中来，信用规模扩大与经济增长之间到底有什么样的关系呢？

首先，从信用总规模的构成来说。信用总规模是政府部门、金融部门、非金融企业部门和居民部门信用规模的总和。从表面上看，只有以上部门不断增加杠杆，国家经济才能够不断增长。但是，从更深层次来说，经济的增长不一定通过信贷来实现。流通中的现金数量恰当，能够实现一种均衡，使得社会以最少的信用活动推动经济正常运行。总体来说，只有当宏观经济发展形势良好的情况下，各个部门有理性的良好预期，才能够开展信用活动，否则信用活动的起步很难。所以，信用总规

---

[1] 吴晶妹，李诗洋. 信用规模与经济增长：中美比较分析[J]. 财贸经济，2007，(9)：68-74.
[2] 康继军，张宗益，傅蕴英. 金融发展与经济增长之因果关系——中国、日本、韩国的经验[J]. 金融研究，2005，(10)：20-31.

模的组成决定了信用规模在一开始就滞后于经济的增长。

其次，从传导机制来说。信用总规模是在经济发展形势良好的情况下，在存在一个良好的预期之后才逐步形成的；同时，信用规模的扩张，又带动了经济增长。二者是相辅相成的。从图1-1可以看出，信用总规模与经济增长是同向变动的，但是信用总规模的增长斜率相较于经济增长的斜率来说更大。这也说明，在一定时期内，信用规模增长的绝对值对于经济增长的影响是边际递减的。信用活动在初始阶段落后于经济增长，只有经济有效增长，才能开展信用活动；同时，信用活动在经济发展过程中又有效地推动了经济增长，只是这种推动的效用是边际递减的。

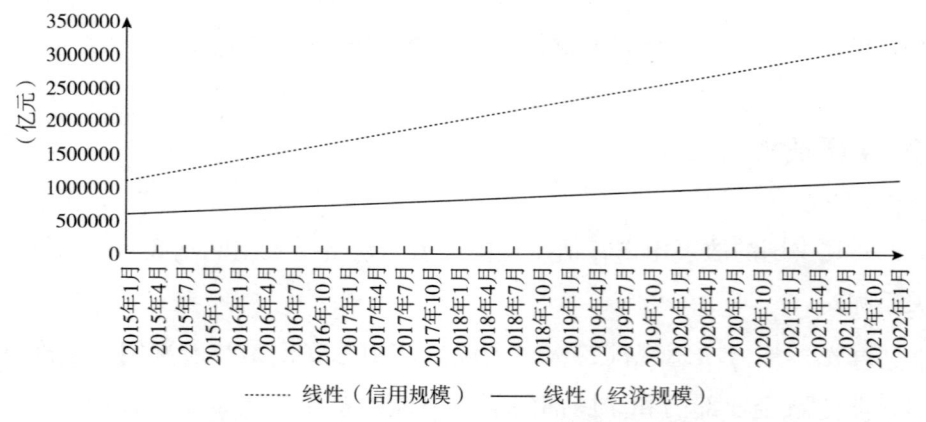

图1-1　2015年1月—2022年1月中国信用总规模变动与经济总量变动
数据来源：Wind数据库。

最后，从历史发展的潮流来说。社会活动中本没有信用，人与人之间随着关系的发展，经过多次合作与博弈，形成对彼此的信任。依靠信用开展活动，节省交易成本。信用活动可以使人与人之间的经济活动实现帕累托改进，这才推升了信用规模。从历史上看，人类社会最早是自给自足的社会，人们发现物与物之间的交换能够促进经济的增长，生产者各自根据比较优势开展生产活动，然后以物易物。随着物物交换的普及，人们对于打破时空限制的交易产生了需求，货币的产生使得信用活动成为现实。早期的货币由贝壳等不具有使用价值的商品来充当，人与人之间之所以能够接受这种货币，是基于信用的存在。所以，可以这么说，信用是经济发展到一定程度的产物。经济的高速发展需要资源在时间和空间上得到有效的配置，这样就产生了信用，信用在一定程度上又反过来促进经济的有效增长。

◇ 小结

到这里，我们做一个总结，经过对学界研究和现实情况的分析，得出以下结论。

首先，经济增长与信用总规模的扩大是双向传导关系。经济增长促进信用总规模的扩大，信用总规模为经济增长配置资源，但信用总规模在超过一定范围后，会成为制约经济发展的一个因素。

其次，经济信用化率的变化与政治周期有关。在有些国家，经济信用化率受到政治周期的影响，不同的领导者在执政期内会实行不同的金融政策，金融机构的发展与衍生品的开发会受到不同程度的影响，最终，经济信用化率会受到影响。在中国，信用周期受货币政策的影响较多。

最后，经济增长是信用总规模扩大的基础。历史上本没有信用，当经济发展到一定的程度，需要更好地配置资源的时候就出现了信用，信用的出现是经济发展水平较高的一个外在表现。

在信用体系建设上，政府应该做到以下几点。一是规范金融市场衍生产品的开发。美国衍生产品的过度开发使得信用总规模不断扩张，超越了经济发展所能够承受的规模之后爆发系统性危机。二是巩固经济发展水平。中国目前经济总量居世界第二位，但人均不足。作为世界第一大经济体的美国在2008年爆发了次贷危机，其本质是信用违约的结果。因此，一定要让信用规模与经济增长相匹配。三是进一步完善信用体系建设。完善信用体系建设有利于减弱各类周期对经济信用化率的影响，多角度、全方位实现信用体系的监督、管理与优化。

第 2 节
降准、降息的那些事儿——兼论货币政策的传导逻辑

央行降准、降息，生活中我们听到这样的消息，首先想到的往往是这会利好股市、楼市。那么，降准和降息的逻辑是什么呢？货币政策的使用依据是什么？随着中国经济发展水平的不断提升，金融产品、金融机构种类和数量不断增加，货币政策产出函数变得愈加复杂。我们首先要搞清楚货币派生的传导逻辑，在此基础上，才能够明确降准与降息的传导效果，判断何时具备降准与降息的条件。

◇ **货币派生的逻辑**

我们首先来看央行的资产负债表。央行的资产负债表表明了一国中央银行庞杂的资产负债体系，通过资产负债表，我们可以厘清货币政策的传导逻辑。

中国央行资产负债表的资产端科目主要是由国外资产、对政府债权、对其他存款性公司债权、对其他金融性公司债权、对非金融性部门债权以及其他资产组成，负债端科目主要是由储备货币、不计入储备货币的金融性公司存款、发行债券、国外负债、政府存款、自有资金以及其他负债组成，如表1-1所示。

表1-1 中国央行资产负债表科目

资产	负债
国外资产	储备货币

续表

资产	负债
外汇	货币发行
货币黄金	其他存款性公司存款
其他国外资产	非金融机构存款
对政府债权	不计入储备货币的金融性公司存款
其中：中央政府	发行债券
对其他存款性公司债权	国外负债
对其他金融性公司债权	政府存款
对非金融性部门债权	自有资金
其他资产	其他负债

那么，央行是如何向市场释放流动性的呢？当央行开展公开市场操作，向商业银行开展100元借贷便利时，央行资产负债表的资产端会增加100元的银行借款，代表100元的债权，负债端会增加100元的货币发行，代表货币投放。这样，货币就从央行端被创造出来，货币市场中的基础货币就是100元，如表1-2所示。

表1-2 央行资产负债表1

单位：元

资产	负债
100（银行借款）	100（货币发行）

当企业通过开展出口贸易获取外汇，通过交易市场结汇并换取本币时，一国中央银行为了维持市场的流动性，需要向市场买入外汇并释放本币。相应地，央行资产端增加等值的外币资产100元，负债端增加100元的货币发行（如表1-3所示），市场中增加了100元本币的流动性，

这就是外汇占款的由来。

表1-3 央行资产负债表2

单位：元

资产	负债
100（等值的外币）	100（货币发行）

我们从央行的资产负债表回到商业银行的资产负债表。对于银行端来说，央行开展公开市场操作释放流动性100元时，银行的资产端会增加在央行的超额存款准备金100元，负债端增加央行借款100元，银行的资产负债表就天然地实现了扩表，如表1-4所示。

表1-4 商业银行资产负债表1

单位：元

资产	负债
100（超额存款准备金）	100（央行借款）

紧接着，当商业银行以这100元央行借款向企业放贷时，就在资产端形成了贷款100元，同时，客户的贷款又回到银行体系中来[①]，形成了客户存款100元。假设存款准备金率为20%，那么银行在资产端形成了80元的超额存款准备金与20元的存款准备金，如表1-5所示。

表1-5 商业银行资产负债表2

单位：元

资产	负债
100（发放贷款）	100（央行借款）
20（存款准备金）	100（客户存款）
80（超额存款准备金）	

---

① 假设客户不提取现金。

接下来，商业银行会将这80元的超额存款准备金拿来继续发放贷款，并形成80元的客户存款（此处假设客户不转移存款，不取现金）。相应地，商业银行需要缴存16元的存款准备金，形成64元的超额存款准备金。商业银行通过这种方式，不断将基础货币（M0）进行派生，形成广义货币（M2），如表1-6所示。

表1-6　商业银行资产负债表3

单位：元

资产	负债
100（发放贷款）	100（央行借款）
20（存款准备金）	100（客户存款）
80（发放贷款）	80（客户存款）
16（存款准备金）	
64（超额存款准备金）	

那么，最后100元的基础货币，能够派生出多少广义货币呢？假设货币乘数为5，那么理论上可以派生出500元（100×5）的广义货币。

对于货币理论的使用，目前讨论比较多的，是现代货币理论（MMT）和贷款创造存款理论（LCD）。

现代货币理论所强调的现代货币体系[1][2]实际上是一种政府信用货币体系。张成思提出，货币是一种政府债务——主权货币，不与任何商品和其他货币挂钩，只与未来税收债权相对应。首先，税收并不是为政府"量入为出"服务，而是为了驱动货币发行与流通；其次，现代货币理论认为主权货币具有无限法偿性，没有名义预算约束，只存在通胀的实际约束，这也为量化宽松政策提供了理论基础。现代货币理论主张功能性财政，即由财政代替央行承担实现充分就业和稳定通胀的职能。

---

[1] 张成思. 改善货币政策传导机制的核心 [J]. 中国金融，2019，（2）：39-40.
[2] 张成思. "贷款创造存款"理论的逻辑 [J]. 中国金融，2019，（16）：48-49.

贷款创造存款理论（LCD）则认为银行通过资产扩张创造存款货币。其中，"贷款"并不仅指字面上的"贷款"，而是包括银行信用贷款和银行买进本行客户资产的行为。

◇ **降准与降息的关系**

存款准备金制度是限制银行扩表的紧箍咒，因此，降准与降息就形成了较为默契的组合。当宏观经济运行较弱，需要维持其有效增长时，可以通过降准来释放信贷投放的空间，通过降息让市场快速吸收信贷、扩张信贷，从而实现向实体经济的有效传导。

因此，在均衡货币政策环境下，一般降准与降息相配合，降准早于降息。先降准，释放流动性，增加信贷扩张的空间；再降息，吸收市场中的流动性和提振社会融资。以2021年12月为例，当时预期2022年的经济增长形势不乐观，需要货币政策配合发力，因此，货币政策为降准0.5个百分点，释放约11460亿元［(M2-M0)×0.5%］的流动性，乘以央行公布的2021年12月的货币乘数7.42，约可以派生8万亿~9万亿元的信贷资金。降准增加了信贷扩张的空间，但是想要将信贷有效地传导出去，就需要降息来配合信贷的传导。1年期LPR的下调可以促进降准释放的流动性向信贷传导。1年期LPR下调5BP约可以传导、释放2万亿元左右的信贷（根据历史回归经验），且边际递减。1年期LPR下调20BP约可以吸收6万亿元左右的信贷。如果想要吸收全部释放的8万亿~9万亿元信贷规模，需要总共下调1年期LPR20~30BP。如果两次降准，就需要1年期LPR下调40~60BP。5年期LPR主要是降低存量贷款的成本，所以5年期LPR对于新增贷款的效果并不明显。

在降息的过程中，一方面利率曲线不能过于陡峭，但是又不能对存量长周期的房地产贷款降低太多成本，这时就出现了长短期利率非对称降息的情况，即下调基准利率的过程中短期利率下降快，长期利率下降慢。当然，降息与否、降息幅度还取决于境内外的利差是否正常，是否有资本流出的压力等外部影响因素。当境内外利差较窄或是倒挂，降息为本币汇率贬值带来较大压力时，可采取降存量稳增量的方法来稳增长。2022年5月20日，5年期LPR下降15BP，1年期LPR不变，就是这个道理。

有了这么一套逻辑之后，当宏观经济增长乏力，与稳增长目标背离或是不及预期时，货币政策将会精准发力。但是，货币政策刺激经济增长的效果是边际递减的，若过多地使用宽松货币政策或是将经济增长目标定得过高，极易出现货币政策的非对称性调整，即降息时刺激效果不明显，降息周期较长；加息时抑制经济效果明显，加息周期较短。经历过几轮货币政策调整之后，一个经济体的利率被调整到较低的水平，甚至是负利率水平。在这种情况下，居民通过投资实现货币的保值增值就较为困难。同时，利率的降低不是无限制的，其还受境内外利差的影响，若境内外利差倒挂，汇率将可能面临较大的贬值压力。

◇ 货币政策的全球化

货币政策和财政政策是一国政府能够掌握的两大宏观经济调控政策，货币政策通过调节货币供给和传导机制，向经济体释放流动性，调节经济增长。若是世界货币的货币政策周期与一国自身的货币政策周期错配，该国经济增长的调节节奏将会被打乱，从而使得经济增长的宏观调控政策失灵。

当前，主要经济体的货币政策是相互关联的，每一种货币都很难将自身的货币政策周期同世界货币的政策周期隔离，否则将会发生资本的单向跨国流动。因此，谁掌握了全球货币的主导权，谁就能够控制世界货币的货币政策周期，也就掌握了货币政策制定过程中的主动权。大国之间在经济领域的博弈，从某个角度看，其根本是以货币制度为基础的金融力量的博弈。

第 3 节
汇率的本质是什么？——兼谈汇率定价机制

汇率是市场中两种货币购买力之间的比值，但是这个比值又很难准确反映货币真实购买力，往往受到诸多因素的影响。

近年来人民币汇率改革不断推进。1994年，中国开始实行以市场供求为基础的、单一的、有管理的浮动汇率制度。同时，中国实行银行强制结售汇制，取消外汇留成和上缴，建立银行之间的外汇交易市场，改进汇率形成机制。2005年，中国建立健全以市场供求为基础的、参考一篮子货币进行调节的、单一的、有管理的浮动汇率制。

2015年，在制定当日人民币汇率中间价时，首先参考上日收盘汇率，即银行间外汇市场的人民币兑美元收盘汇率（外汇市场人民币兑美元的供需状况）；同时参考一篮子货币汇率变化，即在一篮子货币兑美元汇率有所变化的情况下，为保持人民币对一篮子货币汇率的基本稳定，所要求的人民币对美元双边汇率的调整幅度。那么，人民币汇率改革不断推进，汇率定价的逻辑到底是什么？

◇ 汇率的长期逻辑与短期影响

研究人民币汇率的影响因素与定价逻辑，可以从长期和短期两种视角来分析。简单来说，汇率长期的趋势是两国（经济体）经济基本面的相对变化，一般来讲，受五大因素的影响，包括贸易顺差、外汇储备、两国利差、通货膨胀和经济增速。

①贸易顺差。就一般国际贸易而言，以中国为例，如果出口贸易收入

的美元总额大于进口贸易所需支付的美元,就会形成美元贸易顺差。顺差越大,就意味着美元会流入越多,结汇需求就会增加,对人民币的需求就会随之增加,也就意味着人民币升值。所以贸易顺差大,往往对应本币升值;贸易逆差大,就意味着本币有贬值压力。中国贸易常年保持顺差,一定程度推动了人民币有效升值。

②外汇储备。外汇储备是维护一国汇率稳定的强大武器。如果一国外汇储备雄厚,当汇率出现恶性波动时,中央银行可以及时、有效地干预,避免金融风险和经济灾害;若外汇储备单薄,不足以应对任何恶性风险,本国金融风险就会加大,直至风险不可应对,可能破坏本国经济发展的基础,造成经济发展倒退。

一般而言,外汇储备雄厚,本币就倾向于保值、升值,否则易引发本币贬值预期,若处置不当,甚至会导致恶性通货膨胀、经济崩溃。在这里,外汇储备不仅指国际货币,具有货币属性的贵金属等也是流动性较强的外汇储备。

③两国利差。利率通过影响资金的投资收益影响投资需求,从而影响货币供求。因此,各经济体利率水平和汇率的关系相当密切。按照利率平价理论,本国利率水平较高,将导致较多外汇换取本币,这意味着本币将实现即期的升值。俄乌冲突中,俄罗斯曾一次性地将本国基准利率从9.5%调整至20%,就是为了阻止本币贬值而采取的应急手段。

④通货膨胀。通货膨胀是影响汇率变化的一个重要因素。当一国通货膨胀率高于另一国时,就意味着该国货币购买力下降,根据购买力平价理论,本币相对于另一国货币就会有贬值压力。通货膨胀影响的是一国真实利率水平,从而影响汇率变化,因此,通货膨胀率较高国家的货币往往不受国际市场的认可,进而加速了贬值。

⑤经济增速。经济增速是一个经济体经济基本面最直接的反映。一国经济增速较高,说明该国经济发展积极向好,经济实力增强,对外资吸引力提升,国际资本投入就会增加,参与到高增长的分配中去。国际

资本的流入就意味着外币供应增加，本币需求增加，本币就有升值趋势。如果经济增速放缓，国际资本外流的风险加大，本币就会有贬值压力。

短期影响因素未必能够改变汇率的长期趋势，但是可以在短期内快速地对一国汇率形成较大的冲击。目前来看，汇率的短期影响因素包括市场预期、短期市场行为以及市场情绪。

①市场预期。市场预期是近年来最为重要的一种短期汇率影响因素。当市场形成一致性预期时，汇率在预期范围内会快速朝着一个方向变化，这就是预期的自我实现。由于市场中单向交易头寸的规模不断增加，市场预期将会使得这部分头寸"见风使舵"。因此，必要的预期引导有助于保持汇率市场的基本稳定。同时，从监管与金融市场的角度来说，金融机构持有外汇的自营方向头寸，不仅会提高金融机构的风险，还会使得市场变得敏感，对市场预期偏移有推波助澜的作用。

②短期市场行为。在实际观察中，还要看贸易的结构，有些企业结售汇活动集中在某一时段开展，可能对短期市场价格有较大的影响，从中长期来看，则没有实质性影响。例如，某些跨国企业按照每周一次的频率购汇并汇出，当企业利润较高的时候，短期的交易行为可能会对市场造成影响，但是，这种冲击是一次性的，且不具有可持续性。

③市场情绪。当发生重要事件或是冲击的时候，市场在非冷静状态下，容易产生非理性的均衡。随着时间的推移，这种市场情绪造成的影响逐步减少，市场逐步回归理性均衡。受到这种情绪影响的群体主要有两类：一类是个人参与者，一类是机构参与者。二者参与市场交易的自营行为都可能将恐惧放大，如果触及市场的止损盘，甚至可能产生滚雪球式的崩塌。

◇ **人民币中间价形成机制**

人民币汇率的定价，采取了一种非常科学的调节机制——逆周期调节因子。引入逆周期调节因子之前的中间价形成机制，由"收盘汇率+一篮子货币汇率变化"构成。2017年5月26日，央行正式宣布在上述模型中引入逆周期因子。人民币兑美元中间价是在上日收盘汇率的基础上，直接加上保持人民币对一篮子货币汇率24小时稳定所要求的人民币对美元双边调整幅度。这一机制保障了人民币汇率更加稳定，较难出现单边的持续升值与贬值。当人民币汇率相对于单一货币出现过度调节时，次日交易开始前，将通过逆周期因子对中间价进行调节纠偏；当人民币相对于一篮子货币币值较为稳定时，逆周期因子可以为0或是较小，对次日的中间价影响降到最小。

这一定价机制，既是市场行为，让人民币汇率的浮动更加市场化、更加透明，又通过特殊机制保障了汇率稳定，防范出现单边超调的现象。这一制度保障了人民币的币值较一篮子货币的稳定，增强了金融体系的稳定性，为经济发展中的贸易、投资等资本跨境流动行为提供了基础保障。

◇ 一国央行调节汇率的主要手段

一国拥有独立货币政策的央行调节本国汇率的手段与工具非常多，总结来看主要有以下几种。

一是调节本币的流动性。通过释放本币的流动性，使本币对外币贬值，是一种较为有效的汇率调控手段。例如本国货币降准，配合降息政策增加货币供应量，可以有效增加本币贬值压力，资本向外流出，反之则支撑本币升值。此外，若是一国货币受资本控制，有在岸与离岸的区别，则可以调节离岸市场本币的流动性，使在岸汇率波动。例如通过收拢离岸市场本币的流动性，离岸市场中本币紧俏，有交割需求的机构不得不去市场上购买本币，使得境外市场本币快速升值，从而带动在岸市场本币升值。通过调节本币的流动性来调节汇率，有较大的影响，需要货币政策与经济增长相适配，适用于一国货币币值相较于一篮子货币实现汇率波动，是本质性的币值调节。

二是调节本国外币的流动性。若一国资本不是自由流动的，通过降低或者提高外币的存款准备金率，能够控制外币在本国市场的流动性，从而起到调节汇率的作用。如降低本国美元存款准备金率，明显地表现出一国央行释放本国美元流动性的意图，本币有升值的趋势。通过调节本国的外币供应量来影响汇率，只能对单一货币的汇率相对调整，本币对其他货币仍然稳定。

三是开展公开市场操作。以上两种情况都是长期趋势，短期影响市场预期可以通过公开市场操作，手段和工具更为多样化。一般来说，央行会通过代理行向市场传导意图，形成一致性预期后，对市场预期进行扭转。这种向市场传导央行意图的方法简单有效，但在国际通行做法中，政府干预市场有被列为汇率非市场波动的可能，因此，这种方法近年来使用较少。

第 4 节
国际货币体系变革及中国的作用

2008年，美国次贷危机引发国际金融危机，使得国际货币体系开始变得混乱，美元霸权第一次受到挑战。2020年伊始的全球新冠疫情，又引发了美元的无限量化宽松，让人们再次审视美元的国际地位。与此同时，近年来一直在国际经济交流中占据重要地位的欧盟和中国等经济体，所使用货币的国际地位日渐提升。结合国际货币体系发展的历史经验，未来，全球范围内将有可能打破当前的国际货币体系格局，加速构建新的国际货币运行体系。

◇ 国际货币体系的发展历程

无论是周期轮回，还是事物发展的客观规律，历史有时会表现出惊人的相似。研究国际货币体系变革的历史，对分析货币体系变革的走向有非常大的帮助。

第一次世界大战之前建立的国际金本位制是以黄金为本位货币，每个货币单位都有法定的含金量。货币以黄金为背书，具有较高的可信度。但是，由于部分资本主义国家占有了世界黄金储备的三分之二以上，各国黄金占有量的不平衡、不均衡，削弱了黄金作为本位货币的基础。同时，黄金的开采速度已经无法同经济增长速度相匹配，这就导致了金本位制度下的货币体系格局无法长期适应经济增长。

第一次世界大战结束后，一些国家的经济运行体系遭到严重破坏，世界经济形势发生了根本性的变化，此时出现了金块本位制和金汇兑本位制，各国中央银行负责以官方价格兑换银行券。造成这种变化的本质原因在于黄金的供给不足，国际贸易对于货币的需求不断提升。1929年至1933年，发源于美国的经济危机严重破坏了资本主义国家的货币体系。第一次世界大战期间唯一维持金本位制的美国，也在此时宣告金本位制的崩溃。此后一段时间，世界上大多数国家陷入货币体系四分五裂的混乱状态。

第二次世界大战期间，由于美国本土没有发生战争，在其他老牌资本主义国家相互厮杀时，美国经济得以快速发展。战争结束后，英国的经济已明显走向衰落，国际地位下降，英镑在国际贸易、国际资本市场的主导地位也已动摇。1944年，西方主要资本主义国家确立了以美元为中心的国际货币体系，即布雷顿森林体系。布雷顿森林体系是以美元和黄金为基础的金汇兑本位制，实质上是一种以美元为中心的国际货币体系。但与此同时，国际贸易中40%左右的货物贸易仍用英镑结算。布雷顿森林体系建立，美国以其世界经济霸主的地位为美元成为世界货币奠定了重要基础。

然而，美国作为一个单一经济体，存在着大量的国际收支逆差。由于美元与黄金挂钩，各国纷纷将黄金运往美国，换取美元，开展国际结算活动。当美国拥有足够的黄金储备之后，1971年8月15日，尼克松政府宣布停止用美元兑换黄金，布雷顿森林体系由此瓦解。这个过程等于将全球黄金以固定价格运往了美国，而后美元与黄金脱钩，金价一路走高。握有大量黄金现货的美国立刻成为世界的大富翁，通过货币制度的变化，美国占有了全球大量的财富。

1995年后，美国实施"强势美元"政策，使美元再度升值。主要目的是根据当时形势的变化，吸引巨额的国际资本流入，促使本国经济实现低通胀下的快速增长。美国利用金融全球化，大力倡导国际金融的证券化、国际化、自由化，将资金控制渠道从传统的商业银行转移到基金直至今日，美元仍然充当着国际结算货币，起着世界货币的作用。但是由于美国多次实行量化宽松政策和随意制裁，人们对于美国的信心正日趋弱化。

俄乌冲突中，卢布一度快速贬值，后俄罗斯宣布，卢布可按照固定价格从俄罗斯商业银行兑换黄金，卢布币值回归稳定，这是采取了战时的金汇兑本位制。金汇兑本位制显然已经不再适合经济发展，但其在特殊情况下仍然能够成为稳定汇率的重要制度手段。新的形势下，强势美元回归，全球资本有再次流入美国的趋势，但是，这种依靠金融与制裁手段维护自身货币国际地位的做法，已不被全球各国认可。

◇ 近百年来国际货币体系中存在的问题与症结

回望国际货币体系的发展历史，我们可以清晰地看到，百年来，国际货币体系从金本位制到布雷顿森林体系，无论是原始的贵金属充当一般等价物，还是大国信誉作为担保，所缺乏的都是一种有效制衡。金本位制下，缺乏一种机制使得大国不会利用货币制度去囤积黄金；布雷顿森林体系下，缺乏一种有效制约使得美国不会损害别国利益去为自身谋福利。另外，百年来国际货币体系一直由西方老牌发达资本主义国家所控制，其他发展中国家只得遵守游戏规则，而规则制定者在创造规则时当然会让规则对自身有利。

在缺乏制衡与监督的国际货币体系下，即便美联储不断通过货币超发的形式来收割全球其他经济体，在没有一种有效的货币制度能够替代现有货币体系的情况下，各国也只得继续接受原有的货币体系规则。

◇ 当前国际货币体系变革趋势

一般来说，国际货币制度具有三大功能：第一，规定用于国际结算和支付手段的国际货币或储备资产及其来源、形式、数量和运用范围，以满足世界生产、国际贸易和资本转移的需求；第二，规定一国货币同其他货币之间汇率的确定与维持方式，以保持各国货币间的兑换方式与比价关系的合理；第三，规定国际收支的调节机制，以纠正各国国际收支的不平衡，确保世界经济的稳定与平衡发展。

以史为鉴，只有放弃单一国际货币制度，建立区域性货币集团，才能够寻求全球的制衡。当出现多种国际货币竞争，大国货币之间进行博弈，主要国际货币便很难失信，其发行国就很难强迫其他国家以损害本国利益为前提来维护该货币的国际地位。因为，任何一种货币但凡发生震荡或是失信行为，国际社会就会迅速反应，转向其他国际货币去规避可能存在的风险。这样就制约了发行国际货币经济体的货币管理行为，使其不会为了解决金融危机等自身问题不顾其他国家反对随意施行量化宽松政策。多国际货币体系不仅能实现一种制衡，而且可以有效防范货币发行国的道德风险与霸权主义行为。

国际货币体系需要达到的理想状态是保障国际贸易和世界经济的稳定、有序发展，使各国的资源得到有效的开发利用；建立有效的汇率机制，防止循环的恶性贬值，为国际收支不平衡的调节提供有力手段和解决途径，促进各国的经济政策协调。

欧元自发行以来一直被国际社会关注，由于欧洲一体化进程的推进，欧元的国际地位迅速上升，欧洲经济已经连为一体，其经济总量超越诸多国家，成为世界第三大经济体。同时，欧元的发行由欧洲中央银行进行管理，各成员国中央银行互相监督，相互制约，共同维护各成员国经济利益与欧元的稳定。因此，欧元走向世界，同美元一起成为世界性货币或将成为可能。

然而，我们也应该看到欧元发展的局限性，欧盟目前拥有27个成员国，使用欧元的却只有19个国家。英国由于考虑自身利益等原因未进入欧元区，其他众多欧洲强劲经济体如丹麦、瑞典也没有加入欧元使用国的行列，这使得欧元的国际地位大大削弱。但是，在可预见的未来，众多欧洲国家为了自身的利益与长久发展，将会持续推进欧洲一体化进程，而欧元的广泛使用将成为其基础。但是，我们也要意识到，欧盟是一个松散的联盟，其成员很容易有不统一的意见，这就使得欧元存在一定的不确定性。同时，欧盟有统一的货币政策，却没有统一的财政政策，这种非对称政策分布，使得各国增加负债以提升国民福利，欧盟经济存在陷入衰退的风险。

亚洲并不真实存在统一货币"亚元"，但是亚洲经济一体化进程正在推进。所谓的"亚元"，基本设计是一篮子货币方式，其中包括人民币、日元、韩元及东盟十国的货币。亚洲货币区如果能够建立，将会成为未来世界三大货币区之一，成为世界经济发展中重要的组成部分。目前亚洲地区，尤其是东南亚地区同中国贸易频繁，很多国家已经接受人民币结算，甚至在一些与我国接壤的国家中，人民币可以在一定区域内自由流通并被市场认可。众多亚洲发展中国家对人民币的未来寄予了厚望，期待人民币走向国际化。在合理的监管之下，推进亚洲货币体系的形成，使其成为世界货币体系的重要组成部分，这对于中国和其他亚洲国家都是有利的。

第二次世界大战以后，在布雷顿森林体系下，各国都采取盯住美元的固定汇率制；这一体系崩溃之后，采取浮动汇率制。各国货币也不再完全盯住美元，有相当多的国家与一篮子货币建立固定比价，至此原来的单一汇率制走向多元化。汇率目标区制度是指在选取的主要工业经济体的货币之间确定汇率波动的幅度，其他货币则盯住目标区随之浮动。这样可以降低整个世界货币体系的非系统性风险，保证世界货币体系的长久稳定运转。

货币制度本质上是一种相机抉择的短期制度，一种特定的货币制度不可能长期发挥作用。因此，在众多的货币体系改革的制度当中，形成一种适合本时期的制度，才具有维护世界货币体系健康稳定发展的重要意义。变革总是在摸索中前进，在变革的道路上有时难以区分绝对的对与

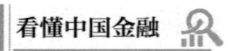

错，只有适合与不适合。未来，新的货币制度逐渐发展，将会引领世界在接下来的一段时期内走入货币多轨制，实现全球货币体系的新平衡。

◇ 中国宏观经济发展及货币政策

美国之所以能够在第二次世界大战之后称霸世界，并将美元推广为世界货币，一个主要原因是其在第二次世界大战期间经济快速发展，经济实力不断增强，国际地位快速提升，迅速击败了以英国为首的众多老牌资本主义国家。一国货币能够成为世界货币的前提，是该国经济增长和实力不断增强，能够有持续的贸易逆差将货币释放出去。同时，该国货币能够自由兑换，被世界各国所认可，其在国际结算中的使用比例和频次不断提升。

自改革开放以来，中国经济除了受到几次外部冲击短暂影响外，总体保持较快增长。即使在遭受2007年由美国次贷危机引发的国际金融危机冲击时，经济发展速度也依然保持在9%左右。2020年，新冠疫情席卷全球，中国经济受到疫情的严重冲击，但是全年仍然实现了正增长；2021年强劲反弹，为全球抗疫提供了动力引擎。

当前，中国经济已经不可分割地融入世界经济一体化进程，在正常的情况下，如果全球爆发经济危机或是经济大衰退，势必会影响中国的进出口贸易，进而影响中国的经济增长。随着中国经济总量的增多，以及在国际社会的影响力与日俱增，国家层面所推行的浮动汇率制保障了中国货币金融市场的相对稳定。

◇ 中国暂时无法完全开放资本市场的原因

中国金融市场起步较晚，在四十多年的发展时间里，还不能够走完资本主义国家走了百年的路程，金融体制和法律法规还不够健全与成熟。在中国对外贸易市场逐步开放的情况下，金融市场、资本市场仍然不能完全开放。

1997年亚洲金融危机的发生，就是因为部分亚洲国家没有以严谨的态度去管理和规范本国的金融市场，完全放开了本国货币的自由兑换。部分西方资本主义国家的投机者们利用杠杆效应摧毁了有关亚洲国家脆弱的金融体系。因此，在经济金融体制与制度完善之前，中国很难实现完整意义上的人民币国际化。人民币国际化意味着其他国家可以同中国自由兑换货币，以及中国金融市场的完全开放。虽然人民币国际化对中国经济发展有有利的一面，但这也意味着中国要承担更多的大国责任，因为只有这样才能够长久地支撑货币的国际地位，与此同时，还要防范投机者们的金融冲击。

人民币成为国际货币是一个渐进的过程，不可能一步到位，首先是实现人民币在部分周边国家和地区的国际化，然后才可能实现人民币在全球的国际化。

◇ 中国在国际货币体系改革中的作用

中国是世界第二大经济体，总体国际地位逐步提升，在推动形成新的世界货币制度规则时，中国也将为亚洲国家及发展中国家获得相应权利与责任。

中国作为亚洲人口最多、国土面积最大、经济总量排名最靠前的国家，对于亚洲经济能否腾飞，能否在未来国际货币体系中占据一席之地起着至关重要的作用。中国积极推进货币体制改革，积极融入国际货币新行列，为亚洲经济的繁荣与发展贡献自己的力量。

◇ 维护货币体系的手段——大国博弈

历史上货币体系的维护都是依靠一个国际性组织或是一个强有力的国

家来背书，存在着不公平性，也无法实现一致性预期，无法在各国间形成共识。只有寻求一种各国之间的制衡，才能获得长远的发展。第一次世界大战和第二次世界大战期间，多数国家民不聊生，第二次世界大战后，虽然局部战争仍在继续，全球范围在很长一段时间内没有爆发过大规模战争，这在一定程度上源于大国之间的博弈。

同样，当多种国际货币共存时，没有任何一个经济体敢于利用其货币管理的特权来为自己谋取超额铸币利益，因为这会使货币发行国损失国际货币的管理权。在竞争性国际货币的新格局中，这将是未来世界几个大的经济体之间的博弈。

任何试图通过货币来收割全球其他经济体、为本国谋福利的国家，都将被快速挤出世界一体化格局，多极货币体系本身具有净化功能。国际货币体系变革与自我探索的道路还很长，只有不断前进，不断探索，不断修正原有制度犯下的每一个错误，才能在新的国际环境下找到一个新的制衡点，来维持国际货币体系的稳定与繁荣。

第 2 章
中国银行业发展与金融稳定

第 1 节
当前商业银行面临的形势与问题

改革开放以来，中国经济持续快速增长[①]。从计划经济到双轨制改革，再到社会主义市场经济体制建立，从突破外部经济封锁到三驾马车拉动经济快速发展，再到经济发展步入新常态，中国经济始终保持快速增长状态，并为全球经济增长注入动力。2001年加入世界贸易组织，中国经济在新千年有了新的增长点，抓住改革开放新机遇，中国快速成长为世界第二大经济体。

经济改革，金融先行，在社会主义市场经济建立与发展的过程中，金融机构的作用举足轻重。商业银行是金融系统的基石，改革开放初期，国家将中央银行与商业银行进行职能分离是金融市场化改革的第一步。

---

① 数据来源：国家统计局。以1978年为基期计算，改革开放以来，经济年均增速达9.5%。

随着社会主义市场经济体制的建立和逐步完善，商业银行通过剥离不良资产、股份制改造上市、股东注资等方式来降低不良资产率，提升核心资本充足率，实现商业银行的现代化管理。同时，这也使得央行的货币政策传导更加科学与顺畅，实现了对经济的有效宏观调控。

从20世纪90年代末，中国商业银行开始成为真正的现代化商业银行。随后的20年间，商业银行及其分支机构的数量都实现了跨越式发展。截至2021年年底，我国共有4602家银行业金融机构，其中开发性金融机构1家、政策性银行2家、国有大型商业银行5家、国有控股大型商业银行1家、全国性股份制商业银行12家、城市商业银行128家、农村商业银行1596家、民营银行19家、村镇银行1651家[1]。银行业的资产规模在2021年年末达到344.76万亿元[2]，远超其他金融机构资产规模。2021年世界500强企业中，中资企业入围143家，其中金融企业19家、商业银行10家[3]，上榜银行利润在上榜中资企业总利润中占比非常大。截至2021年年末，国有大型商业银行资产规模在行业内占比为40.14%[4]，在信贷政策落实等方面起到了行业龙头作用。中国商业银行的资产规模与盈利规模在全球商业银行中名列前茅，银行系统的稳定为2008年国际金融危机后的全球金融稳定与复苏发展奠定了重要基础。

在中国经济发展的历史进程中，商业银行间由原有的优势互补关系，逐步转变成了有效竞争关系。每家商业银行都形成了一揽子金融服务模式，银行之间的竞争关系逐步凸显。随着商业银行现代化的发展，利率市场化改革逐步完善，银行收入着力点由传统的息差收入转为中间业务收入。利差的缩窄，倒逼商业银行竞争程度不断加深。

商业银行的竞争一直伴随着金融创新的发展，先从存款竞争开始，到

---

[1] 数据来源：原中国银行保险监督管理委员会网站。
[2] 数据来源：原中国银行保险监督管理委员会网站。
[3] 数据来源：财富中文网。
[4] 数据来源：原中国银行保险监督管理委员会网站。

金融服务与创新竞争，最后走向产品创新竞争与科技创新竞争，又从同质化竞争逐步转向按照各自的特色方向发展。商业银行竞争带来了社会福利水平的提升，但也导致了成本效应与无效率。一方面，客户与银行的关系发生了微妙的转变，市场从传统的银行市场，转变成了客户市场，角色的转变使得商业银行的服务成本快速上升，边际超额利润降至市场均衡点，从客户的角度来说，有效的竞争带来了竞争福利；另一方面，金融竞争的让利行为使得金融机构的利润空间快速缩窄，银行内部风险考核约束使得一些"好企业"过度负债，一些"坏企业"融资难、融资贵，有关问题凸显，信贷资源配置倾向于"强者恒强，弱者恒弱"。

过度的银行竞争与考核约束使得信贷的投放具有羊群效应，扭曲的信贷偏好，又造成产能过剩或行业风险，过快的信贷行业轮动使得经济的稳定性受到了更大挑战。银行业过度竞争与经营考核约束带来的压力，迫使银行通过开展监管套利与表外业务获取超额收益。这又倒逼利率市场化的进程加快及监管体制与措施改革，扫除金融市场的制度盲区与真空地带。随着传统竞争方式走向完结，银行业竞争进入了一个新阶段，以代客资产管理为代表的产品服务让银行的资产负债表逐步失真[①]，隐含风险逐步增加。以"互联网+"为代表的移动金融科技使得行业科技资源重复投入，质量参差不齐，这都是当前亟待解决的问题。

中国近现代商业银行的格局发生了重大变化，简单来说可以分为五个时期（如表2-1所示）。中华人民共和国成立前是我国商业银行的萌芽发展期，该阶段逐步产生商业银行的概念，在华外资商业银行、国有商业银行、民营银行纷纷成立；中华人民共和国成立后至改革开放之前，商业银行实行社会主义改造，相关职能划入中国人民银行；改革开放以后到商业银行股份制改造上市前，是发展转型期，这一时期商业银行职能逐步剥离，成为独立的经营机构，地方商业银行数量快速增长；商业银行股份制改造上

---

① 代客资产业务不并入资产负债表，但是化解代客资产业务不良资产的方法是对问题资产进行表内处理，保持表外资产的刚性兑付，风险与收益不匹配。

表2-1 中国近现代商业银行发展历程

时期	萌芽发展期	探索发展期	发展转型期	快速发展期	常态发展期
时间	1949年以前	1950—1978年	1979—2005年	2005—2015年	2015年至今
标志性事件	1847年，外资银行英国丽如银行在华设立分行；1897年，第一家中国人自办的银行中国通商银行成立；1908年，交通银行设立；民国时期形成四大国有银行、小四行、北四行、南三行的发展格局	1952—1956年对商业银行进行社会主义改造，相关职能全部并入中国人民银行总部，中国人民银行承担发行货币职能及商业银行职能	1984年，中国人民银行将商业银行职能全部剥离出来，成立中国农业银行、中国工商银行、中国建设银行	各家商业银行股份制改造上市；2006年，颁布《银行业监督管理法》；2013年，施行《商业银行资本管理办法（试行）》	2015年8月，中国人民银行放开一年期以上定期存款的利率浮动上限；2015年5月，存款保险制度出台；2018年4月，资管新规出台
时代背景	晚清时期，西方列强在华设立银行，成立合资银行；民国时期相继成立国有银行和民营银行相结合的发展思路，战争严重摧毁了民国金融体系，恶性通货膨胀使得银行业丧失信誉	中华人民共和国成立后，对资本主义工商业开展社会主义改造	中国经济从计划经济向社会主义市场经济转型，从双轨制向完全市场化转型	社会主义市场经济步入正轨，商业银行不良资产剥离；我国加入世界贸易组织，经济体量快速增长	利率市场化改造基本完成，经济发展进入新常态，代客资产管理业务增长迅猛，影子银行业务剥离，确保任不发生系统性金融风险的底线
金融格局	以中央银行、中国银行、交通银行、农民银行为基本框架，官僚资本控制金融业	中国人民银行承担监管与信贷职能	中国人民银行、国有大型商业银行、股份制商业银行、农村信用社	中国人民银行、国有大型商业银行、股份制商业银行、农村信用社、村镇银行	中国人民银行、国有大型商业银行、股份制商业银行、农村信用社、村镇银行

资料来源：笔者整理。

市至存款保险制度出台，是商业银行的快速发展期，这一时期银行资产规模、利润增长都创下新高，影子银行业务发展突飞猛进，系统性金融风险逐步积累；存款保险制度推出之后，银行进入常态发展期，资产规模、利润增速都有所回落，银行业金融机构的风险逐步被缓释，传统竞争渠道和方式不再有效，形成寡头竞争模式。

当前，商业银行面临着竞争的诸多问题：一是银行竞争对内部的运转产生了影响，使得行业的风险、效率都有了不同程度的变化；二是银行竞争产生了一定的溢出效应，对信贷成本、影子银行发展、货币政策的传导等方面造成了影响。为了清晰地研判银行竞争对内部运转产生的影响及其溢出效应，本书从银行风险、效率两个方面研究了竞争产生的内部影响，从信贷成本、影子银行发展及其对货币政策传导的影响方面研究了其溢出效应。

学者夏德海[1]将银行竞争定义为银行为了赢得更多客户和占有更多市场份额进行行业内的竞争，竞争度则表征银行在市场中竞争能力的强弱。广义地讲，银行竞争是不同商业银行在相同的业务中为了赢得市场份额而采取的市场化行为。本书对有关银行竞争与风险、银行竞争与效率、银行竞争与信贷成本的文献做了述评，总结了以往学者在研究这些问题时形成的理论与观点，探究银行竞争带来的内部影响与溢出效应，结合中国银行业现状做了分析，寻找以往文献对该问题研究的薄弱点与盲点，分析各学者研究观点之间所存在的矛盾点，从而为后续研究找到新的切入点。

◇ 商业银行竞争与风险

长期以来，对于银行竞争与风险的研究较其他方面的研究更为深入，在银行竞争是否影响金融稳定方面有多种独立的假说，没有形成统一的观点。部分观点认为商业银行的竞争会增加金融系统的风险，而相对垄

---

[1] 夏德海.银行竞争浅析[J].金融研究，1998，(7)：58-59.

断才会增强金融稳定性[1]，原因如下。

一是特许经营权有助于保持金融系统的稳定[2]，如果从根本上取消"特许经营权"或是通过市场竞争使"特许经营权"弱化，商业银行的利润将会下降，内部考核压力可能迫使其开展高风险信贷业务，提升了行业的信用违约风险[3]，学者Allen和Gale[4]曾就此正相关关系进行了证明。

二是银行业过度竞争可能导致逆向选择问题[5]，信息不对称使得银行与贷款人之间存在逆向选择，留在银行业中的信贷资产质量劣于平均质量，金融风险提升，金融稳健性降低。银行的数量越少，单家银行获取信息的成本越低，经营的稳健性也就越强[6]。

三是银行业的集中度越高，规模经济效用越明显，过多的商业银行参与到市场竞争中来，从经营成本、科技投入、固定资产投资等方面来说，都会造成极大的资源浪费[7]，而这些成本都将转嫁到融资成本中去。

四是过度竞争具有残酷的挤出效应[8]，当一家商业银行遭遇短期的流动性困难时，过度竞争使得其他银行因为自身风险考虑拒绝向其开展拆

---

[1] Adnan K, K Saadet. Bank Size, Competition and Risk in the Turkish Banking Industry [J]. Empirica, 2016, (43) 3: 607-631.

[2] Gabriel P, A Iván. Impact of the Heterogeneity in Market Power on the Relationship Between Risk Taking and Competition: Case of the Chilean Banking Sector [J]. Emerging Markets Finance and Trade, 2013, 49 (4): 98-112.

[3] Hellman T, K Murdock, J E Stiglitz. Liberalization, Moral Hazard in Banking and Prudential Regulation: Are Capital Controls Enough? [J]. American Economics Reviews, 2000, (90): 147-165.

[4] Allen F, D Gale. Financial Contagion [J]. Journal of Political Economy, 2000, 108 (1): 1-33.

[5] Adnan K, K Saadet. Bank Size, Competition and Risk in the Turkish Banking Industry [J]. Empirica, 2016, (43) 3: 607-631.

[6] Boot W A, V Thakor. Can Relationship Banking Survive Competition? [J]. The Journal of Finance, 2000, , 55 (2): 679-713.

[7] Miralles-Marcelo J L, M Miralles-Quirós, J L Miralles-Quirós. Improving International Diversification Benefits for US Investors [J]. The North American Journal of Economics and Finance, 2015, (32): 64-76.

[8] Saez L, X Shi. Controlling Risk in Payment System [J]. Journal of Financial Services Research, 2004, (25): 5-23.

借业务，因此遭遇临时性问题的银行可能演变为长期问题银行，被行业所挤出。学者Roman等[①]研究了银行竞争对银行流动性的影响，发现较强的竞争减少了银行流动性的创造，印证了该观点。

五是竞争脆弱性假说观点，在竞争不那么激烈、集中度较低的环境下，银行更加稳定，竞争加剧将会降低银行的稳定性。Adnan和Saadet[②]分析了土耳其银行业集中度与竞争对银行业稳定的影响之后，支持了这一观点。

与此观点相反，还有学者认为商业银行的竞争会降低金融系统的风险，降低银行的集中度有利于金融系统的稳定，原因如下。

一是"大而不倒"理论使得商业银行更倾向于开展高风险信贷项目[③]以获取超额收益，将系统性风险转嫁给储户，并由政府来托底，学者Brian等[④]使用美国州级数据对房贷市场的数据做了实证分析，支持了这一观点。

二是竞争可以抑制关系型贷款的增长，使得银行业的效率更高，完成资源的有效配置，实现小微企业的融资目标，防范信贷资源寻租。

三是银行系统的规模与复杂性呈正相关关系，越大的银行，监管成本越高，监管效率越低，因此大银行存在开展增加系统性风险业务的可能，银行充分竞争反而可以降低这种风险。

四是银行实现完全竞争后，对企业的存贷利差会降低，企业融资成本降低之后，会选择低风险项目投资，且会降低自身信贷违约率，更加有利于实体经济和银行业的健康发展。

尽管中华人民共和国成立以来未发生过银行倒闭事件，但是海南发

---

① Roman R A, F R B Submitter, A N Berger, etal. Internationalization and Bank Risk[R]. Federal Reserve Bank of Kansas City Working Paper, 2015.
② Adnan K, K Saadet. Bank Size, Competition and Risk in the Turkish Banking Industry [J]. Empirica, 2016, 43（3）: 607-631.
③ Barth J R, A P Prabha, P Swagel. Just How Big is the Too Big To Fail Problem and Quest [J]. Journal of Banking Regulation, 2012, 13（4）: 265-299.
④ Brian L C, L Tihanyi, T R Crook, K A Gangloff. Tournament Theory: Thirty Years of Contests and Competitions [J]. Journal of Management, 2014, 40（1）: 16-47.

展银行、包商银行等接管事件，事实上反映了银行业的实质风险，对关注银行业风险做了重要提醒。在化解银行风险的过程中，监管机构也总结了较多的模式与方法。但是，银行业的过度竞争，压缩了其利润空间，降低了银行自身的抗风险能力。同时，信贷资产依据质量被天然分层，优质资产往往被国有大型商业银行所持有，劣质资产则往往被风险控制能力较弱、风险识别意识较差、竞争能力较弱的小型城市商业银行或农村商业银行所持有。当然，优质资产与劣质资产之间并没有明晰的分界点。当经济形势向好，实体企业收益率较高时，资产风险几乎不会暴露；但是当经济受到冲击，劣质资产的问题会首先暴露出来。市场的顶层风险首先被"小银行"所承担，而"小银行"通过同业市场与大银行相关联。这种风险传导机制，又使得银行业金融机构被"绑定"在一起，任何单一的金融业信用风险都可能引发系统性连锁反应。

◇ 商业银行竞争与效率

有关竞争与效率问题的提出，最早要追溯到1973年Demsetz对市场势力与效率关系的探讨。此后几十年来，有关该问题的讨论从来没有间断过，但是各方从未达成共识。就该问题的争论焦点在于市场竞争与效率之间到底呈现什么样的关系。安逸生活假说认为市场势力与无效率之间呈现正相关关系，即市场竞争程度越高，效率越高。其认为商业银行具备垄断优势，管理层具备享受安逸生活而不尽职管理的理由，委托人与代理人之间的信息不对称造成效率损失。学者Berger和Hannan[1]率先验证了安逸生活假说；黄隽、汤珂使用中国的数据验证了竞争与效率呈明显的正相关关系；赵旭[2]

---

[1] Berger A N, T H Hannan. The Efficiency Cost of Market Power in the Banking Industry: A Test of The "Quiet Life" and Related Hypotheses [J]. The Review of Economics and Statistics, 1998, 80 (80): 454-465.
[2] 赵旭. 中国商业银行市场势力、效率及其福利效应 [J]. 财经研究, 2011, (3): 124-135.

在贷款市场和存款市场分别测度市场效率，检验结果在存款市场上接受了安逸生活假说，在贷款市场上却拒绝了安逸生活假说。

与此观点相反，学界还形成了有效结构假说，该假说认为银行竞争会降低效率。银行业具备牌照壁垒，相对垄断，信息积累的成本较高，新进入的银行不具备信息优势，需要漫长的积累过程，因此竞争的加剧反而使得效率下降。学者 Maudos 和 Guevara[1]对欧洲商业银行的成本效率与市场势力进行研究之后，认为二者之间存在着明显的正相关关系。除此之外，学者 Schaeck 和 Cihak[2]采用美国与欧洲的商业银行数据来测度成本效率，认为商业银行在市场竞争中所获得的市场势力会有效提高利润效率，也验证了有效结构假说。

除了以上两种观点，还有效率结构假说，其从微观层面来解释效率与竞争的关系，认为前两种观点主要侧重于商业银行竞争对效率的影响，而银行效率对竞争有反作用，效率越高的银行能够赢取的市场份额越大，其自身的竞争能力也就越强，市场势力也就越大。

学界现有的研究主要集中在银行竞争与效率的线性关系上，但我们不得不正视，银行竞争与效率之间可能并不是简单的线性关系，现有的研究文献在这方面的研究较为局限，且大部分研究文献未将效率清晰地分为生产效率和成本效率，对商业银行而言，这两种效率的影响因素及这两种效率变化所带来的冲击不完全相同，传导逻辑亦有区别，应该区分开来进行研究。

◇ 银行竞争与信贷成本

目前，有关商业银行竞争对信贷成本影响的研究没有形成一致的结

---

[1] Maudos J, F D Guevara. The Cost of Market Power in Banking: Social Welfare Loss vs Cost Inefficiency [J]. Journal of Banking and Finance, 2007, 31（7）: 2103-2125.
[2] Schaeck K, M Cihak. How Does Competition Affect Efficiency and Soundness in Banking? New Perspectives and Empirical Evidence[M]. Social Science Electronic Publishing, 2008.

论。一种观点是从行业宏观角度分析，认为商业银行的竞争会减弱其在融资市场的垄断能力，降低特许牌照价值，从而增加了商业银行道德风险发生的可能性，导致高风险资产投资[1]，信贷利率也将提升。另一种观点从公司治理角度分析，认为商业银行的竞争会使经营管理层放弃原有的垄断红利幻想，提升公司治理效率，对资产质量的把控更为严格[2]，降低了信贷风险，从而降低了信贷成本。

此外，国内研究方面，张宗益等[3]认为银行竞争影响了自身的边际利润，从而影响了商业银行的风险承担能力。学者朱晶晶等[4]通过研究国际金融危机后我国银行业市场结构对企业信贷的影响，认为商业银行市场竞争度的提高并没有显著增加小微企业获得银行贷款的可能性，银行信贷审批决策并没有因为银行的竞争度提升而受到显著影响。

对于商业银行竞争度与信贷成本的关系，国外学者已经有所关注，但并未形成统一意见。例如学者Hainz等[5]曾认为银行竞争会放松信贷要求从而降低信贷成本。与此相反，学者Fungacova等[6]认为商业银行竞争增加了信贷成本，尤其是对小企业更为显著。

国外学者对银行竞争度与信贷成本的关系并未形成一致意见，不过学者们的研究都支持了商业银行竞争可以打破行业垄断的观点，认为竞

---

[1] 刘莉亚，余晶晶，杨金强，朱小能.竞争之于银行信贷结构调整是双刃剑吗？——中国利率市场化进程的微观证据[J].经济研究，2017，(5)：131–145.

[2] Gonzalez V M, F González. Banking Liberalization and Firms' Debt Structure：International Evidence [J]. International Review of Economics and Finance, 2014, (29)：466–482.

[3] 张宗益，吴恒宇，吴俊.商业银行价格竞争与风险行为关系——基于贷款利率市场化的经验研究[J].金融研究，2012，(7)：1–14.

[4] 朱晶晶，张玉芹，蒋涛.银行业市场结构影响我国企业信贷约束吗[J].财贸经济，2015，(10)：117–133.

[5] Hainz C, L Weill, C J Godlewski. Bank Competition and Collateral：Theory and Evidence [J].Journal of Financial Services Research, 2013, 44 (2)：131–148.

[6] Fungacova Z, A Shamshur, L Weill. Does Bank Competition Reduce Cost of Credit? Cross-Country Evidence from Europe [J].Journal of Banking and Finance, 2017, 83 (10)：104–120.

争使银行业的利润率降低。激烈的竞争又推升了银行的竞争成本，金融机构都属于持牌经营，逐步形成了分业监管的态势，行业竞争的加剧，必将推动技术进步，以提升劳动生产率，使银行获取超额收益。金融创新作为提升金融行业利润率的方法，被市场所追逐，诸多金融创新在本质上是利用监管套利、制度套利，将资产腾挪出表，规避监管，从而获取产品竞争优势。金融创新在提升利润的同时也提高了系统性风险，这显然没有引起足够的重视[①]。

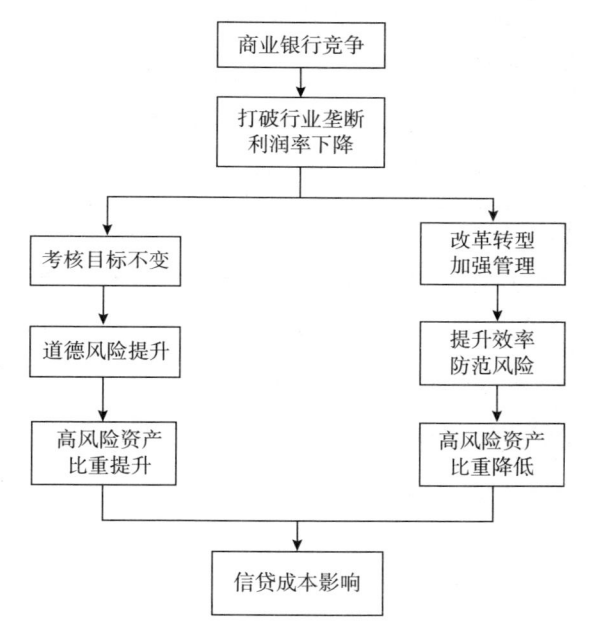

图2-1　学界研究商业银行竞争对信贷影响逻辑线路图

---

① 金融衍生工具等金融创新作为商业银行与监管机构博弈的手段，能够提升具有较强金融创新能力的商业银行的市场竞争力，本书对此不进行进一步探讨。

第 2 节
银行竞争、影子银行与货币政策有效性[1]

影子银行的概念最早诞生于2007年的美联储年会上,当时人们将影子银行定义为游离于监管体系之外,又能够与传统接受监管的商业银行体系相对应的融资类金融机构。2008年国际金融危机爆发,影子银行开始逐步进入人们的视野[2]。在研究过程中,影子银行一般有广义和狭义两种含义。

广义的影子银行是指在商业银行的运作体系之外,独立开展通过货币转移来创造信用为企业提供融资服务的机构[3][4][5],涉及非银行金融机构及互联网金融等提供的信用创造及融资服务,如地方政府或者国有企业在自身的投融资平台开展的资金融通业务,此类影子银行因为脱离于银行体系,规模较难估算。

狭义的影子银行是指行使了商业银行的融资职能,但是没有按照商业

---

[1] 本文刊登于《中央财经大学学报》2019年第11期,有删改。
[2] Zhu X. The Varying Shadow of China's Banking System[R]. University of Toront Working Papers, 2018.
[3] 孙国峰,贾君怡. 中国影子银行界定及其规模测算——基于信用货币创造的视角[J]. 中国社会科学,2015,(11):92-110.
[4] Gennaioli N, A Shleifer, R W Vishny. A Model of Shadow Banking[J]. Journal of Finance, 2013, 68(4):1331-1363.
[5] Claessens S, L Ratnovski. What is Shadow Banking?[R].IMF Working Papers, 2014.

银行的标准接受监管约束，甚至不受监管的金融产品或机构[1][2][3]。狭义的影子银行一般是由银行类金融机构派生而来，但又不完全脱离商业银行而存在，如商业银行表外业务。

对于影子银行的界定，孙国峰、贾君怡[4]曾做了深入的研究与探讨，并总结出了三个界定标准：一是从参与的市场主体来看，一般完全游离于监管体系或者利用政策的边界开展业务；二是从实施的活动来看，指创新金融工具和金融活动；三是从创新市场来看，指证券化市场或金融衍生品市场。一般来说，满足这三个条件的融资行为，即为影子银行行为。近年来，影子银行的发展与增长呈现动态化、复杂化与多样化的特点[5]。

中国商业银行的影子银行业务主要是指通过表外操作，将信贷业务从表内转移至表外，以此来获取超额收益或规避监管要求[6]。美国次贷危机引发2008年国际金融危机，被认为是金融监管松懈状态下影子银行野蛮生长的结果。商业银行开展影子银行业务的主要目的有两个。一是通过衍生品业务转移风险[7]，使得一些不被监管机构认可的高风险融资业务可以顺利开展。无论是为了节省风险资本，还是为了提升贷款规模，衍生品业务都是一个好的突破监管限制的手段，影子银行规模由此被推高。二是应对激烈的竞争，获取超额收益。利率市场化的推进，倒逼银行息

---

[1] 何平，刘泽豪，方志玮. 影子银行、流动性与社会融资规模[J]. 经济学（季刊），2018，(1)：45-72.
[2] 祝继高，胡诗阳，陆正飞. 商业银行从事影子银行业务的影响因素与经济后果——基于影子银行体系资金融出方的实证研究[J]. 金融研究，2016，(1)：66-82.
[3] 郭晔，赵静. 存款竞争、影子银行与银行系统风险——基于中国上市银行微观数据的实证研究[J]. 金融研究，2017，(6)：81-94.
[4] 孙国峰，贾君怡. 中国影子银行界定及其规模测算——基于信用货币创造的视角[J]. 中国社会科学，2015，(11)：92-110.
[5] Ehlers T, S Kong, F Zhu. Mapping Shadow Banking in China: Structure and Dynamics[M]. Social Science Electronic Publishing, 2018.
[6] 周莉萍. 论影子银行体系国际监管的进展、不足、出路[J]. 国际金融研究，2012，(1)：44-53.
[7] Hakenes H, I Schnabel. Credit Risk Transfer and Bank Competition[J]. Journal of Financial Intermediation, 2010, 19 (3): 308-332.

差收窄，通过吸收表外理财来竞争负债，为了投资高风险项目，节约风险资产，开展影子银行业务是维持高额利润的方法[①]。

对于影子银行与金融稳定的关系，学者们看法不一。

一些学者认为影子银行会扭曲货币政策函数，增加货币政策调控难度并提升风险[②]。快速收缩的货币政策使得影子银行规模快速上升，抵消了银行信贷规模的收缩，阻碍了货币政策的有效性发挥。紧缩的货币政策，在按照预期降低贷款规模的同时，会促进非国有机构对影子银行业务的参与，融资活动的灵活性会弱化政府对金融的管制与把控。

还有观点认为影子银行在为商业银行融资和转移风险方面发挥着重要作用，影子银行危机是由于市场认为影子银行业务中抵押品价值不足而引发的悲观预期变现。影子银行能够为商业银行提供流动性，商业银行为影子银行业务提供隐性增信，两者是相辅相成的关系[③]。除此之外，国有企业对利率的影响不敏感，中小企业对于影子银行的利率却非常敏感，目前影子银行的利率基本能够反映货币政策的意图。

2008年国际金融危机之后，对于影子银行的研究已经比较成熟。但是对于影子银行的成因及其与银行竞争的关系，尚没有学者提出观点。银行激烈竞争时期是影子银行快速发展的时期，其内在的逻辑关系以及成因有待进一步深入挖掘。

无论哪种假说，在特定的经济环境、监管政策下，都有内在逻辑与理论支撑，实证分析也相应地支持了前人的理论研究结论。就中国的现实情况来说，改革开放之前，商业银行的职能集中在中国人民银行，监管机构既充当"裁判员"，也充当"运动员"，高度集中的信贷计划管制与

---

① 郭晔，赵静. 存款竞争、影子银行与银行系统风险——基于中国上市银行微观数据的实证研究[J]. 金融研究，2017，(6)：81-94.
② Chen K，R Jue，Z Tao. The Nexus of Monetary Policy and Shadow Banking in China [J]. American Economic Review，2018，108（12）：3891-3936.
③ Christopher L，M P Andrea. Shadow Banking, Risk Transfer and Financial Stability [J]. Journal of Applied Corporate Finance，2017，29（4）：45-64.

计划经济，限制了银行业务竞争的可能性，也就不存在系统性金融风险与金融稳定的问题。随着社会主义市场经济体制的逐步建立和完善，商业银行职能从中国人民银行剥离之后，商业银行的数量在快速发展期显著增加。中小商业银行的经营能力较弱，不得不依靠自身特色或优势开展竞争，提升了常规信贷业务的竞争程度。随着中国移动互联网基础设施的不断完善，中国迈入"互联网+"时代，万物互联成为未来发展的趋势，金融科技在商业银行的竞争过程中又显得尤为重要。随着数字经济规模的增长，劳动生产函数随之改变，经济增长方式和增长要素将可能改变。

在当前经济增速换挡、化解金融市场风险的大背景下，保持货币政策有效性显得尤为重要，逆周期的货币政策对平滑经济增长的作用呈现逐周期递减的特点[1]。商业银行作为国家货币政策传导的重要一环，是货币政策有效性发挥的基础。中央银行通过货币政策工具将基础货币投放到金融机构，商业银行通过自身的货币派生功能，将基础货币按照货币乘数放大，为实体经济的发展提供资金融通。

然而，在实际传导过程中，商业银行之间的盈利竞争愈加激烈，息差收入整体占比逐步降低。为了降低贷款融资的成本，减少风险资产占用，规避监管约束，各家商业银行在发展过程中不断通过将资产腾挪出表或采取表外经营等方式获取中间业务收入，以提升市场竞争力，完成盈利指标。因此，近年来由商业银行自身衍生出的影子银行规模不断提升，表外的资产快速膨胀，却无法确认其是否全部流入实体经济，部分资金的去向呈现层层嵌套、空转流动的现象[2]。表外资金规模的推升，使

---

[1] 2008年国际金融危机之后，央行5次降息，共计216BP，3次降准，共计2%，效用时滞2个季度；2011年，欧洲债务危机之后，央行2次降息，共计56BP，3次降准，共计1.5%，效用时滞5个季度；2014年，经济增速下滑之后，央行6次降息，共计165BP，7次降准，共计4.5%，效用时滞8个季度（数据截至2019年年底）。

[2] 2017年4月发布的《关于银行业风险防控工作的指导意见》，针对监管套利、空转套利、关联套利做了相关规范，旨在抑制表外资产的快速扩张，对空转套利行为予以禁止。

得货币政策很难有效控制社会融资规模的变动，从而削弱了货币政策向实体经济的传导，形成了货币政策工具与影子银行向实体经济的二元传导机制，这将会给货币政策的精准实施带来一定的困难。货币政策产出函数的失灵，使得政策制定者倾向于使用更加激进的政策工具去刺激实际利率的降低，从而促进实体经济的产出增长。当货币政策刺激达到一定程度时，实体经济的反馈逐步递减甚至无反馈，经济进入流动性陷阱，与此同时，影子银行规模则快速回流增长。那么，商业银行竞争如何影响影子银行规模，又是如何进一步抑制货币政策有效性、影响社会融资规模的呢？信贷成本与影子银行规模有无内在逻辑关系？

中国古代就已经诞生了商业银行的雏形——钱庄，现代商业银行的发展却起步较晚。改革开放以后，商业银行职能从监管机构剥离出来，现代意义上的市场化商业银行纷纷成立。早期的利率由国家管控，各家商业银行根据自身特色开展经营活动，形成互补的市场关系。随着各家商业银行股份制改造的完成，监管机构主导开展利率市场化改革，银行之间的市场关系从互补转为竞争，且竞争程度呈现逐年上升趋势。

学者们对于商业银行竞争的研究近年来一直都没有停止过。一是对于商业银行竞争与风险之间关系的研究[1]。杨天宇和钟宇平[2]率先在对国内125家商业银行进行非平衡面板数据回归之后，认为银行业集中度、竞争度均与银行业风险呈现正相关关系。学者们进一步研究的结论验证了银行竞争增加系统性风险[3][4]。二是银行竞争对信贷成本的影响，周安[5]研

---

[1] Beck T A, Demirguc-Kunt, R Levine. Law, Endowments and Finance [J]. Financial Economics, 2003, 70(2).
[2] 杨天宇，钟宇平. 中国银行业的集中度、竞争度与银行风险[J]. 金融研究，2013，(1)：122-134.
[3] 郭晔，赵静. 存款竞争、影子银行与银行系统风险——基于中国上市银行微观数据的实证研究[J]. 金融研究，2017，(6)：81-94.
[4] 申创. 市场集中度、竞争度与银行风险的非线性关系研究[J]. 国际金融研究，2018，(6)：65-75.
[5] 周安. 银行竞争会提升信贷成本吗？——来自我国上市银行的实证分析[J]. 上海金融，2018，(6)：23-31.

究提出商业银行竞争会提升国内信贷成本。一方面，利率市场化改革深入、经济增速换挡与金融科技的发展使得银行负债结构与经营形势改变，从而影响市场竞争环境，提升信贷成本；另一方面，脱虚向实的顶层设计与强监管的政策同商业银行考核机制之间的矛盾，加深市场同质化竞争发展，最终提升信贷成本。与此相似，学者Fungacova等[1]认为竞争对小银行信贷成本的影响尤其突出。三是银行竞争客观上减少了对抵押品的要求，由于抵押品的有限性，商业银行在高度竞争状况下，对更多的企业采取授信而非抵押的形式开展融资活动，无形中增加了社会融资规模与社会信用总规模，使得企业获取融资的机会增加。四是银行竞争与"融资难"话题相悖，银行在竞争环境下倾向于向国有企业及大型民营企业提供融资服务，而其他企业则较难获取银行资金支持，这就使得银行的信贷对于很多小微企业来说尤为稀缺，小微民营企业融资需求又是最为旺盛的，影子银行业务由此发展壮大。

对于银行竞争与影子银行的关系，从现有的研究来看，国外的影子银行兴起于银行竞争日益加剧的阶段，且快速增长发生在竞争度逐步提升的时期。一方面，商业银行在监管体系之下需要对融资行为计提资本，为了在竞争中进一步降低信贷成本，提升市场竞争力，商业银行开始逐步从事影子银行业务，以规避监管，提升市场竞争力（Ahn和Breton，2014）。此外，小微企业等较难获取传统金融机构信用融资的资金需求主体，选择通过影子银行渠道来开展融资活动（Allen等，2012），缓解企业资金压力。另一方面，银行也可以通过开展影子银行业务进行高风险资金融通业务，从而规避监管对信贷范围的限制，获取超额收益。

与此同时，商业银行体系的影子银行规模不断增长，引发了大家对于银行竞争加剧导致影子银行规模上涨的猜想。竞争的加剧使得传统息差

---

[1] Fungacova Z, A Shamshur, L Weill. Does Bank Competition Reduce Cost of Credit? Cross-Country Evidence from Europe [J]. Journal of Banking and Finance, 2017, 83 (10): 104-120.

业务利润越来越低，商业银行只能通过扩大融资对象的范围、降低融资业务的成本来提升利润。国内学者郭晔、赵静[①]经过实证分析得出结论，银行面临的监管约束越严格，其通过影子银行业务应对竞争的行为就会越加激进，影子银行行为显著增强了存款竞争与银行系统风险之间的关系。社会融资规模增长与影子银行规模的增长呈现一定的同向性，影子银行已经同银行信贷一道成为社会融资活动中的重要组成部分，其规模受到冲击将有可能传导至社会融资规模。从图2-2可知，2018年上半年的金融去杠杆政策，使得月度社会融资规模增量同比有了大幅下滑。金融去杠杆政策对影子银行领域的融资行为形成一定的限制，旨在防止金融泡沫，守住不发生系统性金融风险的底线。

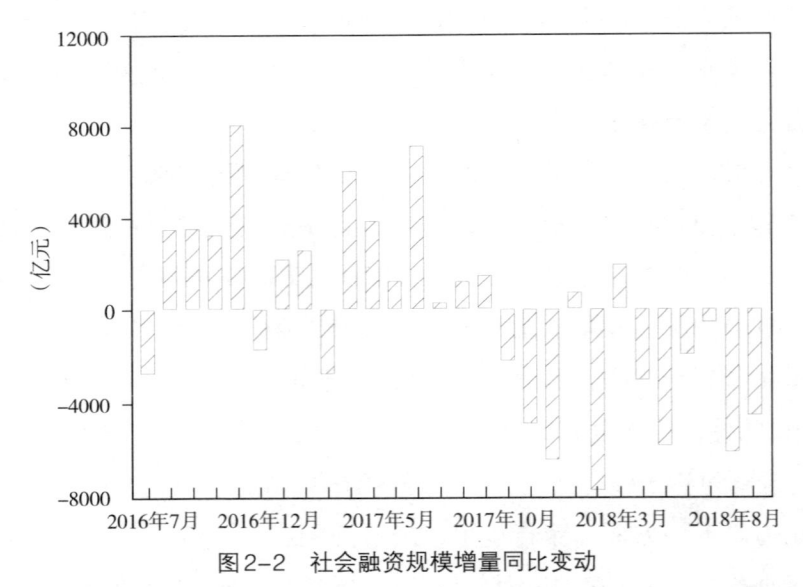

图2-2 社会融资规模增量同比变动

注：从2018年7月起，中国人民银行为了进一步完善社会融资规模统计方法，陆续将"存款类金融机构资产支持证券""贷款核销""地方政府专项债券"纳入社会融资规模统计。本图中2018年社会融资规模月度数据采取调整前口径倒推计算得出。

资料来源：中国人民银行，笔者计算。

---

① 郭晔，赵静.存款竞争、影子银行与银行系统风险——基于中国上市银行微观数据的实证研究[J].金融研究，2017，(6)：81-94.

影子银行是否对货币政策造成影响？一部分学者认为，影子银行开展金融服务的资金还需要存入银行，参与银行的货币派生中去，因此，影子银行不影响货币政策的传导，亦不影响货币供应量；另一部分学者认为，影子银行通过影响货币乘数来影响银行的传导机制，其可以被视作一类与传统的商业银行并行的信用创造体系，独立于金融监管和货币政策的直接调控之外[1]，因此，影子银行将对货币政策的传导具有一定的阻碍作用。

从社会融资规模的角度来说，影子银行规模的扩大对社会信贷总规模和社会流动性水平产生相反的影响，这可能会导致金融系统更加脆弱[2]。复杂的影子银行活动，使金融市场在遭受外部冲击时，更易于发生系统性风险。从信贷扩张的角度来说，正向的利率冲击抑制了商业银行信贷，并降低了低风险企业的杠杆，但引起了影子银行体系的扩张以及高风险企业的加杠杆行为[3]。抛却经济增长带来的信贷增长，银行信贷指标与影子银行规模在一定意义上存在此消彼长的替代关系。与此相反，学者Nelson等[4]提出，美联储紧缩的货币政策冲击会对银行的资产规模增长造成负面影响，却会扩张影子银行的规模，使得资产证券化活动频繁。诚然，货币政策的紧缩，将使金融市场流动性趋紧，资产证券化类活动增加，叠加的影子银行融资行为快速增加。同时，影子银行通道增强了商业银行开展信贷业务的独立性，使其可以较少受到货币政策的冲击，但抑制了利率等货币政策工具的敏感性。

为了进一步详细剖析金融市场的运作模式，笔者绘图表示资金在家庭、商业银行、企业之间的流动关系（如图2-3所示），并将货币政策、

---

[1] 李波，伍戈.影子银行的信用创造功能及其对货币政策的挑战[J].金融研究，2011，(12)：77-84.
[2] 何平，刘泽豪，方志玮.影子银行、流动性与社会融资规模[J].经济学（季刊），2018，(1)：45-72.
[3] 裘翔，周强龙.影子银行与货币政策传导[J].经济研究，2014，(5)：91-105.
[4] Nelson B，G Pinter，K Theodoridis. Do Contractionary Monetary Policy Shocks Expand Shadow Banking？[J]. Journal of Applied Econometrics，2018，33（2）：198-211.

财政政策、监管政策纳入流动关系之中，对商业银行资金在市场中的传导机制予以分析，并得出相应的分析结论。

中央银行利用货币政策工具，通过商业银行实现对市场的调节，以实现经济均衡有效增长；财政部利用财政政策工具，通过向企业补贴或增加政府购买的形式，刺激经济的活跃性；银保监部门通过制定监管政策，对商业银行业务开展实行合规、合法监管。当采取积极的货币政策时，商业银行资金通过影子银行与信贷两条路径流出，市场实际利率下降至一定程度时，商业银行资金更加倾向于流入影子银行渠道。商业银行的高度竞争，推高了银行业的整体信贷成本，拥有较高利差空间的商业银行对收益下降的耐受度较高，部分中小商业银行逐步被市场挤出，为了增加投资收益，提升市场竞争力，商业银行在投资收益较低的时候选择使用影子银行腾挪资产，开展高风险业务，以期待获取超额收益，提升市场竞争力。

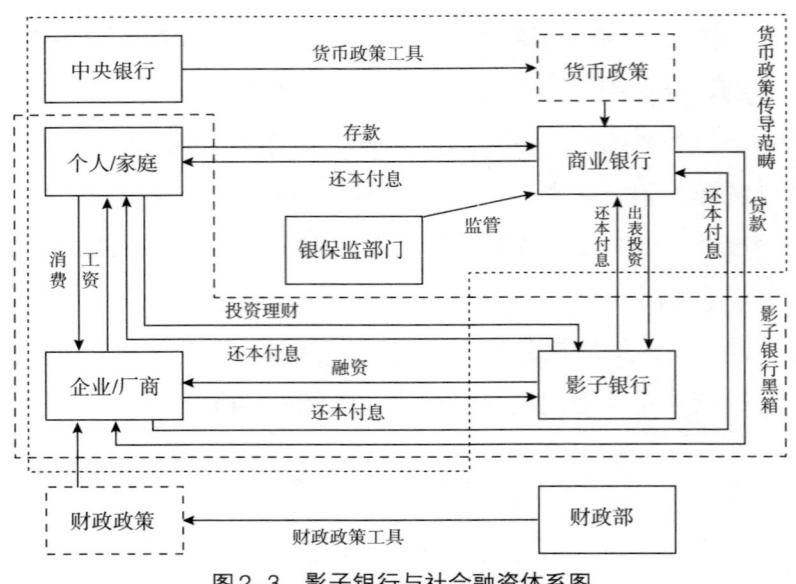

图 2-3 影子银行与社会融资体系图

资料来源：笔者整理。

影子银行业务的繁荣，会对商业银行的活期、定期储蓄业务造成一定的压力，更多的个人及家庭的存款投入影子银行理财等，原有的活期、定期存款转换成了不完全受中央银行设定货币乘数约束的影子银行规模。影子银行的适度发展，可以形成对商业银行信贷业务的补充，使得部分急需资金的需求方可以快速获得融资。但是，影子银行规模呈现指数型上升，与实体经济的增长完全背离，资金需求与资金供给之间的矛盾，使得影子银行的增长并没有真正作用于实体经济的运转。影子银行资金通过嵌套、套利等模式，在金融市场中形成空转，推升市场融资成本。

影子银行的发展源于商业银行竞争，其快速增长会积累系统性风险。在影子银行发展的早期及中期，经济呈现繁荣景象，高速的经济增长掩盖了潜在的风险积累。当社会整体杠杆率过高，影子银行规模的增长速度跟不上资产价格投机的增长速度，风险将可能暴露。同理，金融去杠杆的过程应该符合市场发展的客观规律，避免引发风险。

影子银行是扩大社会融资规模的重要手段。影子银行通过发放高风险贷款，扩大了社会总的融资规模。在传统商业银行体系中，很多高风险资产无法取得融资机会，但在货币宽松、经济快速增长的条件下，这些资产违约的概率又较小，商业银行便通过表内资金出表的形式，使用影子银行替代传统信贷，扩大了可开展融资业务的范围，满足了社会生产中大多数融资需求。影子银行之所以可以获取高收益，是因为其利用不同的监管政策（跨市场、跨国等），使得资金在不同监管政策下游走，利用低成本资金对接高收益资产，获取利润。

影子银行规模在一定范围内可以提高融资市场中资金供给方与需求方的效用，释放正外部性，但是，一旦超过一定范围，可能导致风险。地方政府债务曾一直被认为是一大潜在风险，地方政府及国有企业通过建立投融资平台或其他融资渠道，开展影子银行融资，突破了地方政府所能够背负的债务能力上限。在一定时期内，此举快速提升了地方社会融资规模，加快了地方基础设施的建设，拉动区域经济的有效增长，推高了区域资产价格。这部分影子银行融资主体存在一定的风险，国家已经出台相关措施抑制地方政府债务继续快速增长。

影子银行对货币政策和财政政策存在一定的缓释效用。影子银行作为依附于商业银行的客观存在，对货币政策和财政政策的有效传导能够起一定的缓释作用，影响了货币政策与财政政策的准确执行。当货币政策宽松时，释放出的流动性被影子银行吸收，一方面用来开展高风险融资，另一方面开展监管套利活动，两者都有可能造成资金空转，并没有将资金实际释放到实体经济中去。当财政政策宽松时，企业厂商在开展经济活动的同时，并不会将利润投入再生产中去，而可能通过影子银行开展投资、借贷活动，没有很好地扩大产出。影子银行对货币政策与财政政策的缓释作用，使得中央银行的货币政策和财政部的财政政策效用不能够完全释放，进而将金融风险积累在市场中，降低了金融市场的抗风险能力。

影子银行推高了社会整体杠杆率。一是影子银行助推了资产价格的上涨，影子银行因其操作灵活、多样等特点，在资产价格上行的过程中，起到了市场助推器的作用。无论是资本市场，还是房地产市场，抑或是其他具有金融属性的投资类产品，其价格涨跌过程中，影子银行都提高了杠杆率，导致市场价格的剧烈波动。二是影子银行增加了资金空转，因为金融机构内部资金定价的差异，影子银行业务得以在金融机构各业务之间进行空转套利，通过层层嵌套，规避监管检查，整体抬高了金融机构的资金成本，扩张了金融机构资产负债表的规模。三是影子银行增加了期限结构风险。商业银行将面对更多的期限结构错配的挑战，在货币宽松期，影子银行层层嵌套，增加市场期限结构的复杂程度；当货币政策从紧，资产收益率上升时，影子银行复杂的期限结构流动性需求倒逼商业银行来承担。过度的影子银行行为使得杠杆率提高，弱化金融市场承受流动性冲击的能力，影响了金融市场的稳定，增加了发生踩踏的可能性。除此之外，影子银行在经济活动中的羊群效应行为，对落实国家产业方针政策存在一定的阻碍作用，监管层面很难对影子银行的流向与实际用途做出有效的监督与管理。2011—2018年，国内总储蓄率持续下降，是杠杆率持续上升的一个明确信号，同期，影子银行规模却不断快速上升。

影子银行与货币供应量之争。国内外的学界普遍认为，影子银行通过影响货币乘数来影响货币供应量，从而影响货币政策[①]。主要论据为影子银行在吸收资金的过程中不存在准备金制度，可以将吸收的资金全部发放出去，从而影响整个社会的货币乘数。但是，现实的情况并非如此简单，我们分别就广义的影子银行和狭义的影子银行来分析。广义的影子银行完全脱离于银行体系，确实存在吸收资金全部转化为发放贷款的情况，不过，其本身并不能够进行货币派生，也就是说影子银行体系的货币终究要回到商业银行体系中去，无论是以托管存款的形式，还是以协议存款的形式，其都要参与存款准备金的提取，从而派生货币。狭义的影子银行是依附于银行体系的表外投融资活动，这部分资金全部存管在银行体系之中，是正常地对货币进行派生的。因此，影子银行的存在并不能够从根本上影响货币的派生，其银行体系之外的资金终究要回到银行体系中去，并参与货币派生。可能影响货币派生的影子银行渠道是现实中以现金开展民间借贷的影子银行业务，这部分业务中的资金并不会全部回流至银行体系中去，从而部分地影响了货币乘数，使得货币乘数人为地降低。因此，影子银行能够对货币供应量产生影响，但影响的逻辑关系比较复杂。这并不意味着影子银行对货币政策的影响就不存在，货币供应量的稳定不代表其投向能够按照既定的货币政策函数开展，影子银行对货币供应量的影响客观存在。

基于以上分析，本节得出如下结论。

一是商业银行竞争推升影子银行规模，经济增速换挡、金融监管

---

① 何平，刘泽豪，方志玮. 影子银行、流动性与社会融资规模[J]. 经济学（季刊），2018，（1）：45-72.

加强、金融市场化改革深入、产品同质化趋势明显，是银行业竞争度提升的主要原因。各家商业银行为了提升自身竞争能力而不断创新，影子银行是金融创新大背景下潜在的金融风险。《关于规范金融机构资产管理业务的指导意见》的推出，可以有效遏制银行派生的影子银行规模的进一步上升，防范蕴含的系统性金融风险提升。但我们不得不承认，温和的影子银行有利于弥补金融机构融资业务的空白，提高资金使用效率，降低民间资金成本。因此，将影子银行规模控制在一定的总量范围内，有利于达到动态市场均衡。

二是在货币政策传导过程中，影子银行增加了货币政策传导的时滞，对产业政策的导向造成扭曲，对货币政策工具效力造成直接冲击。一方面，影子银行业务由于不受传统金融监管政策约束，对社会融资规模的冲击具有周期性递减的特点。影子银行融资在现实中使用范围很广，嵌套层级众多，对货币政策产出函数形成了重要的挑战。另一方面，影子银行资产主要集中于金融化较强的领域，对国家的产业政策等造成扭曲，大量的信贷资产通过影子银行的通道直接或间接地投向了地产等领域，扩大了特定领域的杠杆规模，不利于宏观调控的有效传导，从而使金融领域（及金融化严重的实体产业）成为吸收货币的毒瘤，增发的货币无法继续促使实际利率下降，也无法促使经济增长，使经济进入实际由影子银行驱动的流动性陷阱。

三是货币政策与金融约束。影子银行等外部金融约束使货币政策的传导出现逐周期递减的特点。货币政策宽松时，信贷资金向特定领域流动；货币政策趋紧时，实体经济领域杠杆被收缩，影响经济增长。货币政策对于经济增长的调控，在相关金融约束的前提下显得很难奏效。

基于以上结论，本文给出相关启示，以期提升货币政策的有效性，解决银行过度竞争所带来的问题。

一是影子银行增量规模需要得到有效的抑制。为了防止经济进入流动性陷阱，抑制影子银行的增量规模是有效提升货币政策有效性的手段，金融去杠杆的过程应该以去增量为主，使影子银行从高速增长逐步转为低速增长，进而转为不增长，存量规模需要经过一段时间的自然萎缩，最后达到去杠杆的目的。逐步增加金融约束及限制金融化严重的实体产业杠杆增加，使得原有的吸金产业能够逐渐萎缩，最终再次达到均衡状态。

二是银行差异化经营降低竞争成本。影子银行规模快速上升的重要原因是商业银行之间同质化竞争的加剧，原本发放商业银行牌照时的各家特色银行，在市场竞争中纷纷开发同质化产品，进而加剧竞争。因此，要引导各家商业银行修正自身的经营目标函数，进行差异化竞争，发展具备自身特色的业务，降低信贷成本，保持行业利润的稳定，防止银行业过度出清引发系统性风险。

三是将影子银行业务从商业银行中剥离。商业银行在全球市场化发展超过百年，"大而不倒"的预期，使得个人投资者相信商业银行的资产兑付能力，商业银行经营者敢于开展高风险业务。将存量影子银行业务逐步从商业银行中剥离，允许其发生破产等行为，可以有效抑制个人投资者参与影子银行资产投资，同时，可有效抑制商业银行经营者从事表外高风险业务的需求。

四是构建货币政策传导的二元机制。货币政策是保障经济稳定增长、熨平经济周期的重要工具，构建货币政策传导的二元机制，可以更好地解决影子银行所带来的政策扭曲。除了传统的货币政策传导机制，在央行开展公开市场操作的过程中，要实现普惠操作，让市场能够有效地接收政策信号，充分反映货币政策意图。

五是搭配有效的外部措施，保障金融稳定和经济增长。货币政策不是万能药，匹配以合适的财政政策、行业政策、信贷政策等外部有效措施，可以与货币政策的实行形成优势互补。

第 3 节
银行竞争、信贷成本与利率市场化

商业银行作为金融行业的稳定器，在深化金融体制改革、推动实体经济发展、落实宏观调控政策等方面起着重要作用。从国家全资控股商业银行到商业银行股份制改造，再到民营银行的设立，银行业在市场化的道路上从未停歇。党的十八届三中全会审议通过了《中共中央关于全面深化改革若干重大问题的决定》，提出"完善人民币汇率市场化形成机制，加快推进利率市场化，健全反映市场供求关系的国债收益率曲线。推动资本市场双向开放，有序提高跨境资本和金融交易可兑换程度，建立健全宏观审慎管理框架下的外债和资本流动管理体系，加快实现人民币资本项目可兑换"。随着利率市场化改革的深入，我国逐步形成由供求决定的金融机构市场存贷款利率形成机制，国家可以通过货币政策来调控和引导市场利率，使得市场化机制在金融资源配置中发挥主导作用。党的十九大报告提出，深化金融体制改革，增强金融服务实体经济能力，并强调健全金融监管体系，守住不发生系统性金融风险的底线。但是，随着全国经济增速的逐步放缓，银行业在前期快速扩张中被忽视的诸多问题逐步显现出来，信贷质量下滑明显、利润增长率下滑[1]等问题凸显。商业银行已经从原本卖方市场、坐享利润的阶段步入了全面发展、争取利润的新阶段，银行之间的竞争方式与竞争强度都在发生着根本性的转变。

---

[1] 2019年、2020年、2021年银行业不良贷款率分别为1.86%、1.84%、1.73%（数据来源：原银保监会网站）。2019年、2020年、2021年商业银行的利润增长率分别为8.90%、-2.71%、12.62%（数据来源：原银保监会网站）。

伴随着银行间竞争程度的上升,影子银行规模也在不断扩大[1],成为商业银行提升自身竞争能力的一种创新方式。商业银行通过发展特色业务,不断提升自身竞争能力,以应对利率市场化下持续缩小的利差所带来的考核压力。作为当前商业银行利润主要来源的信贷业务,仍然是传统银行重点发展与提升的业务。对于银行的信贷成本,国外学者Carbo-Valverde等[2]将其定义为商业银行财务支出成本率与国家名义短期利率之间的差值,这部分差值是银行所需要负担的真实成本,同时,这也是企业需要负担的真实信贷成本。信贷成本是决定一家银行能否在市场化竞争中立足的根本性因素,具备信贷成本优势的银行在开展业务时具备更多的议价空间。信贷成本的高低直接影响着企业的利润率与企业的再生产,是当前研究的主要议题。

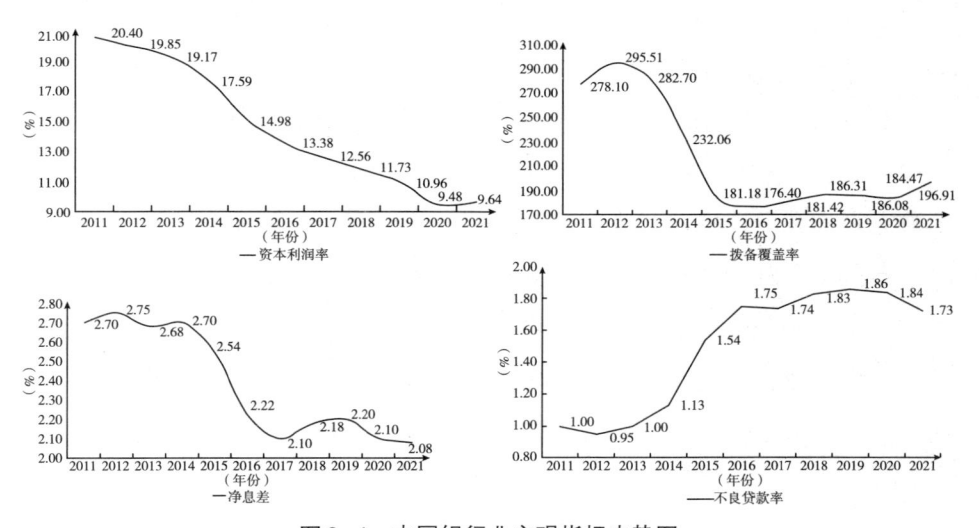

图2-4 中国银行业宏观指标走势图

资料来源:笔者整理绘制,数据来源于原中国银行保险监督管理委员会网站。

---

[1] 郭晔,赵静.存款竞争、影子银行与银行系统风险——基于中国上市银行微观数据的实证研究[J].金融研究,2017,(6):81-94.

[2] Carbo-Valverde S, F Rodriguez-Fernandez, G F Udell. Bank Market Power and SME Financing Constraints[J]. Review of Finance, 2009, 13(2): 143-163.

对于银行竞争是否推升银行信贷成本，目前尚没有明确的研究结论，相关的研究目前仍然存在分歧。一方面，部分学者在理论分析和实证检验之后，认为银行竞争与利率市场化是同向变动关系，信贷成本与其呈负相关关系。钱龙[1]在实证检验了中国某省100万笔信贷数据之后提出，利率市场化加剧了银行之间的竞争，降低了银行对大企业和高资信企业的信贷成本，但是增加了中小企业的信贷成本。与此类似，学者任志宏等[2]认为利率市场化之后，银行竞争加剧，对企业的差异化利率更加明显，中小企业的信贷成本提升。然而，与此相反，也有学者提出银行竞争有利于降低企业的信贷成本，竞争带来的福利效应使得银行的利润空间缩小，从而降低了信贷成本。与此同时，"金融脱媒"的发展，使得银行利率与直接融资利率也在一定程度上形成了竞争，从而降低了信贷成本。纪洋等[3]提出，利率市场化的推出，使得银行短期内会通过提升存款利率来抢夺存款，银行会增加信贷供给，降低信贷利率。

中国利率市场化改革从1996年开始，逐步放开贷款利率浮动区间，至2012年，存款利率的浮动区间也逐步放开。随后，金融机构之间的拆借利率被完全放开，以实现利率双轨制向单轨制转变。2015年，中国人民银行决定不再设置利率浮动上限，至此我国利率市场化基本形成。对于银行竞争与利率市场化的关系，目前学界主要从两个角度进行解释。一是从利率角度，竞争状态下银行在利率上的议价空间被完全压缩，边际成本为0，加快了利率市场化的形成[4]。二是从信贷角度，银行竞争将推高信贷成本，

---

[1] 钱龙. 利率市场化增加企业信贷成本了吗？——基于中国某省信贷数据的研究[J]. 金融论坛, 2019, (5): 32-45.
[2] 任志宏, 郗方, 钱金保. 贷款利率市场化对中小银行和中小企业的影响[J]. 南方金融, 2013, (11): 11-14.
[3] 纪洋, 徐建炜, 张斌. 利率市场化的影响、风险与时机——基于利率双轨制模型的讨论[J]. 经济研究, 2015, (1): 38-51.
[4] 刘莉亚, 余晶晶, 杨金强, 朱小能. 竞争之于银行信贷结构调整是双刃剑吗？——中国利率市场化进程的微观证据[J]. 经济研究, 2017, (5): 131-145.

使得市场利率出现多轨制的现象,从而抑制了利率市场化的推进[1]。对于利率市场化对信贷成本的影响,学界存在两种观点:学者张伟华等[2]通过检验A股上市公司的融资成本变动,提出利率市场化进程的加快有利于降低上市公司的融资成本;但是与此相反,杨昌辉、张可莉[3]提出利率市场化将会增加民营企业的融资成本,贷款利率的上限被取消之后,民营企业的融资成本将会大幅提升,以抵消商业银行所承担的风险。那么,中国商业银行的竞争行为到底如何影响信贷成本?当下中国商业银行的市场化竞争是否有利于银行业的健康发展?利率市场化与信贷成本之间的关系如何?这是本节讨论的重点问题。

◇ **理论逻辑结构**

当前,随着经济市场化发展的不断深入,商业银行面临着诸多挑战。利率市场化的加速推进,让商业银行存款端实现真正意义上的浮动,各家商业银行开展竞争性负债,从而使得商业银行的负债成本快速推升,负债的期限结构发生了根本性的变化。传统定期存款与活期存款负债比例明显降低,同业负债及协议存款比例升高。国内的储蓄资金从传统的存款开始走向理财、货币基金,存款搬家现象明显。与此同时,在经济发展增速换挡期,过去高速发展过程中被掩盖的问题逐步显现出来,企业扩张明显降速,银行资产质量随之降低,不良贷款率有抬头迹象。

从国外商业银行发展历程来看:经济增速较高的时期,信贷资产质量较高,资产规模增速较快,当经济增速开始下滑,外部资金流动性收紧

---

[1] Fungacova Z, A Shamshur, L Weill. Does Bank Competition Reduce Cost of Credit? Cross-Country Evidence from Europe [J]. Journal of Banking and Finance, 2017, 83 (10): 104-120.

[2] 张伟华,毛新述,刘凯璇. 利率市场化改革降低了上市公司债务融资成本吗? [J]. 金融研究, 2018, (10): 106-122.

[3] 杨昌辉,张可莉. 民营企业债务融资成本研究——基于利率市场化和会计稳健性双重视角 [J]. 中国管理科学, 2016, (11): 405-412.

时，银行的信贷资产质量开始下滑；金融科技的大发展，促进掌握众多客户信息的科技企业变相进入金融领域，对银行业资金的期限结构产生重大影响。

从2014年开始，中国银行业的活期存款不断流向货币型基金，银行的负债压力逐步增加，低成本负债能力降低。同期，货币型基金的规模呈现爆发式增长，传统信贷业务与金融服务都很大比例地让利于互联网渠道公司。货币政策的趋紧又使得银行业流动性在多个重要时点表现出较高的资源配置成本，这些都将改变商业银行的竞争环境。利率市场化程度深化、经济增速放缓与金融科技的快速发展，影响了金融业竞争环境，从而对信贷成本有了直接影响。

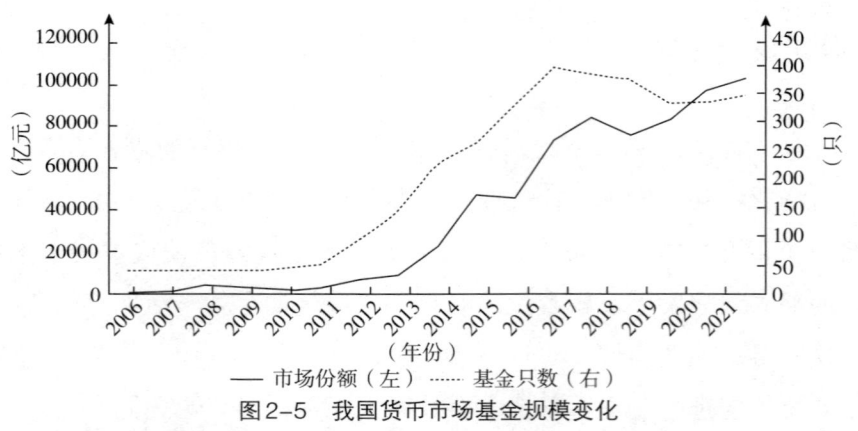

图2-5 我国货币市场基金规模变化

资料来源：笔者绘制。数据来源：Wind数据库。

从另一个角度来说，国家对金融脱虚向实的顶层设计，就决定了监管态度与监管政策都将逐步趋于严格。金融媒介与直接融资之间的竞争，使得以资产管理为产业链条的银行、信托、券商业务都受到影响。尤其是作为出资方、资产提供方与托管方的商业银行，中间业务收入将大幅下降。银行董事会利润增长率的考核与中间业务收入下降之间的矛盾，必然引起银行信贷基数的增加，以弥补商业银行在经济换挡期中间业务收入下降所带来的利润缺口。信贷基数的增加反过来又影响了竞争环境，而竞争环境的改变，势必影响商业银行的信贷成本。

金融深化程度反映金融基础设施建设状况、金融普及程度，金融深化程度高，说明这一阶段各金融服务提供机构之间具备了竞争态势。未来，随着金融服务实体经济的市场化运作，金融环境将会进一步改善，银行信贷成本受制于整个金融市场服务的竞争而上升。金融深化程度指标的提升得益于影子银行的快速发展，其满足了银行提供金融服务之外的金融需求。但是，在一定程度上，影子银行所提供金融服务的溢出效应加剧了商业银行之间的竞争，学者郭晔和赵静[1]曾对此观点做了实证分析，结论支持该观点。影子银行的发展，在一定程度上又会造成银行的低成本负债流失，负债期限结构畸形，从而提升商业银行的信贷成本。反过来，商业银行之间激烈的竞争又会促使商业银行通过发展影子银行的方式提升自身经营业绩[2]。影子银行业务规模的提升，又带动了金融深化程度的增加，使金融产业链上多方金融机构都能够获利，而其运作本质是监管套利。能否服务实体经济发展以及是否符合监管要求是衡量金融创新是否具有积极意义的标准，为了规避监管的金融创新不利于市场的健康发展，反而会增加银行体系的系统性风险[3]。

总体来看，当前银行业信贷成本格局已经发生质的变化，金融科技与利率市场化的深化，都使得银行低成本负债的时代一去不复返。同时，负债和资产的期限结构被金融科技所打破，流动性风险逐步显现。宏观经济增速的放缓，降低了信贷质量，改变了银行业竞争的模式。国家战略顶层设计与监管政策趋严，服务实体经济发展成为银行主要任务，息差缩窄对信贷成本的影响显著，未来商业银行转型改革在于平衡风险与发展之间的矛盾。

---

[1] 郭晔，赵静. 存款竞争、影子银行与银行系统风险——基于中国上市银行微观数据的实证研究[J]. 金融研究，2017，(6)：81-94.
[2] Ahn J H, R Breton. Securitization, Competition and Monitoring[J]. Journal of Banking and Finance, 2014, 40 (1): 195-210.
[3] Gorton G, A Metrick. Securitized Banking and the Run on the Repo[J]. Journal of Financial Economics, 2012, 104 (3): 425-451.

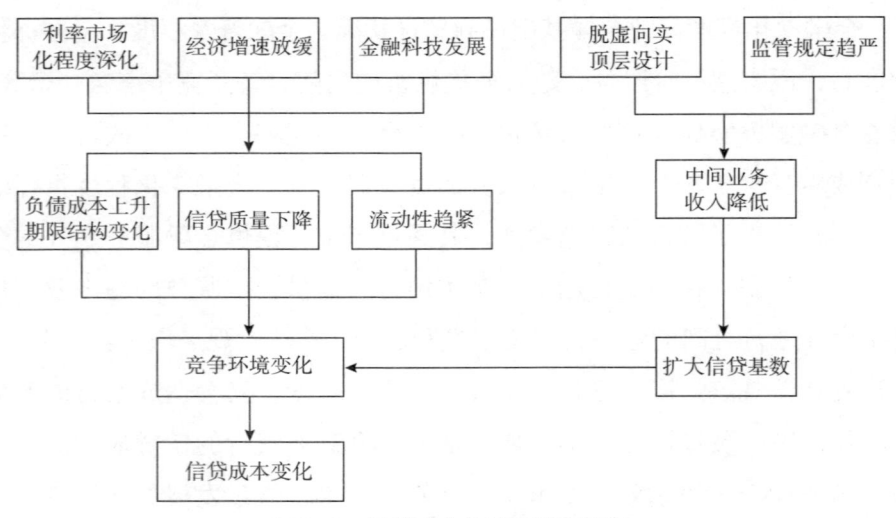

```
┌──────────┐ ┌──────────┐ ┌──────────┐      ┌──────────┐ ┌──────────┐
│利率市场  │ │经济增速  │ │金融科技  │      │脱虚向实  │ │监管规定  │
│化程度深化│ │放缓      │ │发展      │      │顶层设计  │ │趋严      │
└────┬─────┘ └────┬─────┘ └────┬─────┘      └────┬─────┘ └────┬─────┘
     │            │            │                 │            │
     │            │            │                 ▼            │
     │            │            │            ┌─────────┐       │
     │            │            │            │中间业务 │◄──────┘
     │            │            │            │收入降低 │
     │            │            │            └────┬────┘
     ▼            ▼            ▼                 │
┌─────────┐ ┌─────────┐ ┌─────────┐              │
│负债成本 │ │信贷质量 │ │流动性趋紧│             │
│上升期限 │ │下降     │ │         │              │
│结构变化 │ │         │ │         │              │
└────┬────┘ └────┬────┘ └────┬────┘              │
     │           │           │                   ▼
     └───────────┼───────────┘              ┌─────────┐
                 ▼                          │扩大信贷 │
          ┌─────────┐                       │基数     │
          │竞争环境 │◄──────────────────────┤         │
          │变化     │                       └─────────┘
          └────┬────┘
               ▼
          ┌─────────┐
          │信贷成本 │
          │变化     │
          └─────────┘
```

图2-6 信贷成本传导逻辑线路图

资料来源：笔者绘制。

本节通过理论分析，得出如下结论。

第一，商业银行竞争会推高信贷成本。银行业在改革开放之后的很长一段时间处于少数商业银行从业的市场格局，随着经济快速发展与金融服务需求的多元化，商业银行在提供金融服务的过程中逐步提升了竞争度，负债端的利率逐步升高。利率市场化与金融科技的发展又使得息差缩窄，银行业追逐利率高增长的考核机制与同质化竞争之间形成矛盾，从而推高信贷成本。金融行业资金空转现象使得各个环节都具备成本堆积效应，导致信贷成本提升。

第二，宏观经济环境对信贷成本的影响较为深远。宏观经济环境通过影响利率市场来影响银行的资产质量与负债成本，经济高速增长的情况下，资产质量问题难以暴露，货币环境也相对宽松，负债成本较低，利率市场稳定，进而降低了信贷成本。但是，伴随着经济周期的变化，银行业的经营状况很明显地在利润收入、资产规模等指标上表现出来。未来需要在熨平经济周期波动，实现使信贷成本保持相对平稳、信贷质量保持健康的政策目标方面寻求解决方案。

第三，银行负债能力对信贷成本具有决定性的作用。每家商业银行都具备自身的经营特色，在经营过程中，负债的来源和渠道都不相同。个人存款的比例越高，银行的整体负债成本越低，传统的商业银行业务中个人存款的获取需要相应的网点、柜台的支持，不具备分支机构优势的商业银行则依靠对公负债和同业负债来经营，相应的负债成本就会提升。未来随着金融科技的发展，每家商业银行都能提供一揽子的金融服务解决方案，不再局限于网点、柜台，远程互联网业务的开展，让银行的竞争逐步转向了科技服务的竞争。

本节研究分析的结论对促进银行业改革具有一定的启示。

首先，使用更加市场化的手段进行宏观调控。在开展公开市场操作的同时，兼顾各家商业银行，避免出现大型商业银行向小型商业银行出售低成本资金的套利行为，否则定向降准等市场化行为将为目标银行获取低成本资金提供渠道。拥有低成本的负债意味着可以降低信贷成本，宏观调控的手段更加市场化可以有效减少市场均衡的时间，从而使得每家银行都具有相同的竞争起点，避免竞争的无效率所可能导致的金融空转现象。

其次，商业银行发展避免过度同质化竞争。各家商业银行应该培养自身发展的特色与优势，避免过度同质化竞争，过度竞争不仅提升信贷成本，而且可能催生基于监管套利的金融创新，进而增加系统性风险。基于监管套利的金融创新是利用多头监管的非统一性来获取超额收益，从本质上是对本业监管的规避。解决监管机构之间的协调沟通问题，是进一步抑制监管套利的根本手段。

再次，密切关注宏观经济对金融创新的影响，防范系统性金融风险。宏观经济增长过程中，银行业的信贷质量等问题被掩盖，一旦经济增长出现降速，隐藏的风险可能暴露出来，甚至造成连锁反应，引发系统性金融风险。金融去杠杆工作可以将这些潜在的风险点逐步分批化解，最终使得银行业可以抵御经济周期可能带来的影响。但是，在去杠杆的过程中不能过度依赖货币政策，通过货币政策强行去杠杆的行为会助推系统性风险的发生。历史的经验表明，在温和的货币政策中，通过结构性的手段去杠杆，可以有效降低杠杆率，保持经济社会的发展稳定。

最后，解决国有企业与民营企业信贷成本差异问题。利率市场化之后，商业银行对于利率的定价更加具有话语权，逐步呈现了大型、国有企业融资方便、成本较低，而民营、小微企业融资困难、成本较高的特点。银行的风险政策使其不愿意向高风险行业、企业发放贷款，民营企业多是在竞争充分或激烈的行业开展经营，因此，应采取多种有效举措，进一步促进民营企业和小微企业发展，降低企业的信用风险，有效降低信贷成本。

第 4 节
中国商业银行的效率效应

在改革开放过程中,非常重要的一项金融改革是把商业银行职能从中国人民银行的体系剥离,使得金融资源的配置效率得到大大提升。商业银行的数量逐步增多,尽管越来越多的银行开始参与行业内竞争,但是其经营效率能否得到提升却不得而知。伴随着我国经济逐步进入新常态,经济规模的增速逐渐放缓,2021年中国经济强劲反弹,GDP增速为8.1%[①],但相应的商业银行的利润增长速度却大幅放缓。2021年,国内各家商业银行平均净利润增速在12.6%以内[②],相较于过去的20%以上的增速明显降低。中国商业银行在发展的历程中具备牌照特许经营特征,使得其经营保持了一定的"无效率"。有学者更是指出,银行业的低效率将有可能成为阻碍中国经济持续高速增长的一个重要因素[③]。因此,在经济增长的新常态下,商业银行如何快速有效转型,服务实体经济,银行业竞争是否影响了商业银行效率,就成为值得讨论的问题。

对于商业银行效率,以往观点又将其分为成本效率与生产效率。商业银行的成本效率是指在市场环境相同、产出相同的情况下,一家商业银行的真实成本接近有效边界或最佳运营银行成本的程度;商业银行的生产效率又称利润效率,是指在投入和产出价格既定的情况下,一家商业

---

① 数据来源:国家统计局网站。
② 数据来源:上市商业银行年报。
③ Cull R, L C Xu. Institutions, Ownership and Finance: The Determinants of Profit Reinvestment Among Chinese Firms [J]. Journal of Financial Economics, 2005, 77 (1): 117-146.

银行实现的实际利润接近它能实现的劳动最大利润的程度[1]。

在商业银行效率影响因素方面，部分学者研究认为是市场势力造成了商业银行的低效率。市场势力与无效率之间的这种正相关的关系被学界称为安逸生活假说。从国外的研究现状来看，Delis 和 Tsionas[2]对欧美国家的样本商业银行进行了研究，结果表明商业银行的市场势力与市场效率在不同地区具有非常明显的差异，市场效率与市场势力呈现负相关的关系，有效支持了安逸生活假说。国内学者赵旭[3]通过在贷款市场和存款市场分别测度市场效率，检验结果在存款市场上接受了安逸生活假说，在贷款市场上却拒绝了安逸生活假说。与此观点相反，学者 Maudos 和 Guevara[4]对欧洲商业银行的市场势力与成本效率之间的关系进行研究，认为二者之间存在明显的正相关关系。

目前，学界对于股权集中度对企业绩效影响的研究已经比较成熟，不同学者持有的观点也是不同的。

一方面，有的学者认为企业股权集中有利于企业绩效提高、成本降低，从而使企业受益。与此相反，谭兴民等[5]认为股权过于集中将会降低商业银行绩效。甘小丰[6]、张健华等[7]认为国有银行控股比重越高，商业银行效率就会越低。

---

[1] 杨大强，张爱武. 1996—2005年中国商业银行的效率评价——基于成本效率和利润效率的实证分析[J]. 金融研究，2007，(12)：102-112.

[2] Delis M D, E G Tsionas. The Joint Estimation of Bank-level Market Power and Efficiency [J]. Journal of Banking and Finance, 2009, 33 (10): 1842-1850.

[3] 赵旭. 中国商业银行市场势力、效率及其福利效应[J]. 财经研究，2011，(3)：124-135.

[4] Maudos J, F D Guevara. The Cost of Market Power in Banking: Social Welfare Loss vs Cost Inefficiency [J]. Journal of Banking and Finance, 2007, 31 (7): 2103-2125.

[5] 谭兴民，宋增基，杨天赋. 中国上市银行股权结构与经营绩效的实证分析[J]. 金融研究，2010，(11)：144-154.

[6] 甘小丰. 中国商业银行效率的SBM分析——控制宏观和所有权因素[J]. 金融研究，2007，(10)：58-69.

[7] 张健华，王鹏. 银行效率及其影响因素研究——基于中、外银行业的跨国比较[J]. 金融研究，2011，(5)：13-28.

另一方面，有的学者认为股权集中度与商业银行效率之间并非简单的正相关关系。学者陈德萍、陈永坚[1]认为上市企业的股权集中度与公司的绩效呈现显著的正U型关系。学者王聪、宋慧英[2]研究了我国证券公司的成本效率，结论表明我国国有性质的证券公司股权集中度与证券公司成本效率之间是一种倒U型关系。与此同时，从微观层面来看，股权所有者的特点也会对企业效率造成较大的影响。部分股权所有者本身拥有较好的企业文化，持股企业坚守这种文化之后，可以有效提升企业的效率，企业股东拥有良好的声誉将为企业带来更高的社会认知度，并提供背书。但是，尚没有学者提出商业银行的股权集中度对商业银行效率影响的内在逻辑及方式。

以往学者对于银行效率的影响因素有着不同的观点，笔者认为，不能对银行竞争与效率之间的相关关系一概而论。在不同的政治体制与不同的行业之中，银行竞争对效率可能有不同的影响逻辑与影响方式。因此，在分析不同地域或行业的竞争度对效率的影响时，应该充分考虑相应的时代背景与行业情况。目前，国内还缺少采用随机前沿分析法利用权威数据进行商业银行效率研究的先例。另外，我们应该清楚地意识到，中国不同类别商业银行的运作目标与约束条件均不相同，在实证结论的基础上，还要适当结合国情来进一步分析，才能得到可靠的结论。同时，随着外部大环境的不断变化，之前的结论有可能与新环境、新形势完全不适应。因此，应历史地看待以往的研究结论，对未来的展望也应该将外部大环境的变化充分考虑进去。商业银行的竞争与效率之间是怎样的关系？影响中国银行业效率的主要因素有哪些？在新时期、新形势下，商业银行还应该做出哪些改革与转型，以应对复杂多变的新经济形势？

---

[1] 陈德萍，陈永坚. 股权集中度、股权制衡度与公司绩效关系研究[J]. 会计研究，2011，(1)：38-43.
[2] 王聪，宋慧英. 中国证券公司股权结构、市场结构与成本效率的实证研究[J]. 金融研究，2012，(5)：80-91.

◇ **银行竞争提升社会福利**

从社会整体福利的角度来看，商业银行市场势力给社会福利带来多重负面效应。一方面，商业银行如果依靠牌照壁垒维持特有的地位，将造成经营的无效率，会对社会的稀缺资源造成一定的浪费，从而降低社会福利的整体水平。随着经济效率的不断提升与市场制度的不断完善，这种无效率行为将会逐步缓解。另一方面，具有较强市场势力的商业银行会在自己能力范围内制定相应的垄断价格，从而造成社会"哈伯格三角形"的福利损失，也就是我们所说的基于市场势力的社会福利损失以及收入的再分配效应——配置的无效率；大机构有足够的能力进行行业政策的影响与制定活动，游说监管机构制定有利于自身的价格管理机制，为自身的垄断做好基础性工作，因此大企业的垄断行为是造成福利损失的重要原因[①]。当然，完全由几家大型商业银行来定价，必然会降低社会总福利的水平，从这个角度来看，当前中国实行的由多家银行（包括国有商业银行、股份制商业银行、城市商业银行与外资银行）报出基准利率的形式，就是一种有效的完全市场行为，使得市场主要参与者都能够参与价格定制，大大降低了垄断主体的价格话语权。

与此同时，竞争也为资源的有效配置提供了市场化的手段，通过打破垄断行为，为市场提供福利效应，挤出无效率，提升市场价格的弹性与有效性。银行竞争对社会福利效应的影响逻辑如图2-7所示：银行竞争通过降低牌照优势，打破经营运转的无效率，提升了社会福利效用；银行竞争通过打破垄断价格，使得利率具备市场化的调节作用，打破配置的无效率，从而有效提升社会福利效用。即使国家和社会制度不同，银行竞争对社会福利提升的传导逻辑也大致如此。因此，我们可以认为银行

---

① 赵旭. 中国商业银行市场势力、效率及其福利效应 [J]. 财经研究，2011，(3)：124-135.

竞争在社会福利相应方面具有正向的溢出效应，有利于提升社会整体福利效用。

社会福利损失是由市场势力所提升的经营成本：其一是利率市场的定价高于其行业的边际成本所造成的社会福利损失；其二是根据安逸生活假说，商业银行管理者喜欢规避风险，但是监督者则督促银行管理者承担风险，最后企业效率遭受损失。总体而言，银行业基于市场势力的福利损失呈现先上升后下降的趋势。第一次谷底出现的大背景是2008年国际金融危机与我国当时采取的宽松的货币政策和积极的财政政策。随着市场化程度的进一步加深，商业银行基于自身所具有的市场势力的社会福利损失逐步降低。商业银行市场的公平竞争有利于社会整体资源的有效配置以及社会福利损失的整体降低，这也是商业银行竞争的正向溢出效应。

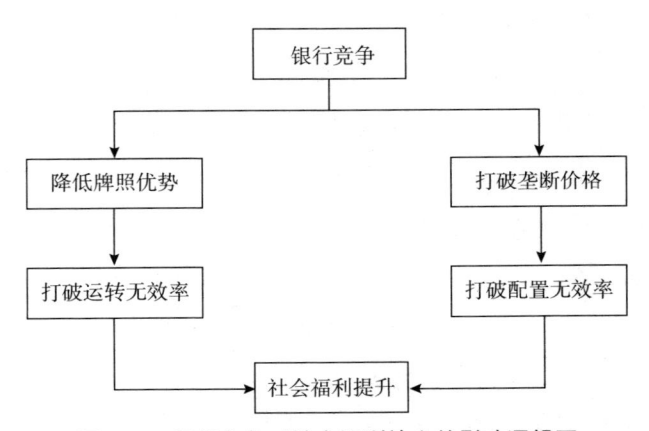

图2-7　银行竞争对社会福利效应的影响逻辑图

资料来源：笔者整理。

目前，资本市场上存在民间资本通过举牌等方式，取得大型上市商业银行的董事会席位，进而通过董事会获得自身在商业银行经营管理过程中的决策权的情况。一方面，这会增加关联贷款带给商业银行的信用风险，同时对生产效率造成影响；另一方面，董事的分布虽然更加科学，却一定程度降低了决策效率，例如市场资本更看重的是当期的盈利状况以及利润分配情况，对于部分大型固定资产在未来的升值潜力以及稀缺性却不够重视，往往使得经营机构错失许多良机，反而降低了生产效率。这些现象在中小商业银行中普遍存在。

为了逐步改善商业银行市场发展的现状，提高生产效率与成本效率，降低系统性风险，结合新常态经济特点，本节得出如下启示。

一是引导商业银行开展健康有序的市场化竞争。在转型发展、产品创新、大数据利用等方面提升自身竞争力，使得大型商业银行能够在快速竞争的时代逐步完成自身的市场化转型；要避免同质化恶性竞争，通过行业政策把控，引导银行竞争强度。

二是加快传统业务转型，寻找新的利润增长突破口。利率市场化已经促使商业银行信贷业务走向了利差的"拍卖会模式"，净息差的空间已被压缩得很小。以西方商业银行数百年来的发展历程来看，中间业务将会成为商业银行的主要收入来源。我国商业银行由于历史原因，一度在社会经济活动中占据着强势地位，伴随着银行数量的增加以及产品高度同质化竞争，未来以服务取得客户将成为各家商业银行发展的重点，中间业务收入的比重将会在银行变革中逐步提升。

三是把控银行业系统性风险。在经济步入新常态的今天，金融发展环境也变得复杂多样，此前一些年，银行竞争所带来的影子银行规模提升、抑制金融开放度深化等问题，都需要得到妥善解决；要防范因银行竞争所带来的行业性系统性风险，规避金融危机的发生。

放眼未来，在经济增速逐步放缓期，要打造优质的金融发展外部环境，通过增强金融发展的软实力，调整金融产业结构；完善金融机构的内部考核，提升金融效率，有序地完成金融开放。

第 5 节
中国商业银行内部影响与溢出效应

前文运用了多种方法对商业银行竞争的内部影响与溢出效应进行了深入研究，在商业银行竞争与风险、效率、信贷成本以及影子银行规模等关系方面做了深入的讨论，厘清了各个要素之间的相互影响机制。本节对前述观点做了一个小结，以更宏观的视角观察市场。

第一，商业银行竞争提升信用风险与破产风险。银行竞争导致"特许经营权"价值下降，商业银行在利差缩窄的大趋势下，逐步开展金融创新业务。影子银行业务作为突破监管、获取超额收益的重要途径，将客户的刚性兑付理财资金对接高风险资产，提升了信用风险，应打破刚性兑付与银行表内资产转换，让资产管理行业风险与收益相匹配。此外，商业银行竞争的加剧，让小银行的信息成本极高，信息不对称引发逆向选择，导致大银行跟在"好企业"后面放款，"坏企业"跟在小银行后面找融资。小银行的信息甄别成本最高，在行业利润收缩的情况下，小银行被行业出清。垄断竞争情况下，无论是科技投入还是人员使用，都具有规模经济效用，降低了经营成本。因此，过度竞争直接引发金融的不稳定性，提升信用风险与破产风险。如果不能够很好地解决资源配置的无效率，即信贷资源的扭曲，则可能阻碍经济的有效增长。银行竞争对风险的内部影响是负向的。

第二，银行竞争与生产效率呈现倒 U 型关系，商业银行的生产效率呈现减速上升的状态。竞争的加剧将使市场参与者一度增加，后来的参与者在参与到市场竞争的过程中，会主动压缩成本，力争获取更多收益。因此，竞争的加剧会提升银行的整体成本效率。同时，在银行高度竞争的状况下，必然出现经营管理过程中的各种分歧，试错成本带来的无效率也需要考虑进去。此外，银行竞争导致市场势力的降低，市场主体所拥有的对边际市场价格定价的能力就会降低，定价能力的降低导致了无效率。这种无效率发展到一定程度，使得银行的生产效率开始走下坡路。因此，银行的竞争与生产效率呈现倒U型关系。

第三，商业银行竞争推高了信贷成本。一方面，利率市场化改革的深化，经济增速放缓以及金融科技的发展，使得商业银行的负债结构与负债成本都发生了巨大变化，影响了市场的竞争环境，推高了信贷成本。2015年之前商业银行处于快速发展期，天然的利差与经济蛋糕的快速增长，使得商业银行不需要通过过度竞争来获取利润增长。随着行业利润率的降低，银行利润增长乏力，银行通过提升营销费用等方式来开展营销竞争，以获取超额收益。在有效市场的影响下，竞争又进一步推高了信贷成本。另一方面，强监管的政策与考核机制的矛盾，推动市场的同质化竞争发展，同质化的竞争又推升业务的开展成本，最后加总在信贷成本中。竞争带来了社会福利增加，但也在一定程度上将信贷成本推高，最后使得银行盈利能力降低。银行竞争对信贷成本的二元传导，使得信贷成本控制面临较大的压力。负债能力对信贷成本具有决定性作用，商业银行通过自身业务特色能够获取低成本负债，就能够降低信贷成本，提升盈利水平。银行竞争对信贷成本的溢出效应是负向的。

第四，银行竞争降低了社会福利损失，打破了运转的无效率。对于社会整体的福利效应而言，银行竞争无疑降低了社会福利损失，提升了运转的效率。一方面，银行竞争弱化了银行业的牌照壁垒与现有的牌照优势，打破运转的无效率，提升了社会福利；另一方面，银行竞争打破了垄断价格，使得信贷资源的配置效率得到了提升，从而使得整个社会福利都得到了提升。银行竞争对社会福利效应的二元传导机制，在市场化的国家与地区普遍适用。在社会整体福利效应方面，银行竞争具有正向的溢出效应。

第五，银行竞争推升影子银行规模，进而降低了货币政策传导的有效性。银行规模在快速增长期面临着金融监管趋严、经济增速趋缓、市场化改革深入、产品同质化严重等诸多问题，竞争逐步加剧。为了应对日益成熟的市场竞争，同西方商业银行一样，我国商业银行走向了通过代客资产管理来获取中间业务收入的路径，即依附于银行的影子银行业务。同时，在业务开展过程中，高风险的资产暴露出的问题，又从表外转回了表内，以实现银行信用对理财的背书，影子银行规模快速推升。影子银行不受传统金融监管政策监管，且其投资范围广泛，嵌套层级较多，对货币政策产出函数起到了重要的阻滞作用；此外，影子银行资产主要集中在信贷资产较难触及的行业领域，对国家的产业政策造成了扭曲，推升了金融资产杠杆，不利于宏观调控政策的落实。影子银行是多方金融机构博弈的结果，其金融机构的经营者已经于当期获取了收益，但影子银行可能带来的系统性风险潜伏于整个金融行业。2008年国际金融危机，被认为是影子银行业务的过度发达导致的连环事件，影子银行将金融机构紧紧地联系在一起，任何一个中小规模的金融机构违约，都会使得其他金融机构受到损失，同时其他被认为也可能发生违约的中小金融机构遭受流动性危机，从而加速市场的出清，最终使得大型金融机构也不能独善其身。所以说，银行竞争对货币政策有效性的溢出效应是负向的。

第六，金融行业存在"特许经营悖论"现象，即一般采取特许经营的模式运作。在特许经营状态下，市场参与者较少，行业相对稳定，风险较小，但是，往往效率较低，无法使用市场的手段提升效率，形成了垄断或者寡头经营局面。此外，特许经营状态下，对行业特许经营进行审批的政府机构取得了寻租的空间，在一定程度上有损于市场的公平度。若是采用非特许经营的模式，市场中的所有人都可以参与金融行业，市场充分竞争下的效率得到提升，行业准入无须进行审批，市场的公平性得到充分体现；但是金融行业的参与者将会良莠不齐，在公众无法甄别的前提下，中小机构引发系统性风险的可能性大大增加。"特许经营悖论"认为在金融行业中，市场的公平性、效率的充分释放与金融机构低风险稳定性三者不能同时实现，只能通过相对科学的监管，兼顾三者之间的关系。

通过研究中国银行业竞争的内部影响与溢出效应，我们得出了相关结论，并在结论的基础上总结了相关启示，以对未来政策制定和行业发展形成一定的理论支撑，提供一定的参考意义。

第一，引导商业银行避免同质化竞争，发展自身特色业务。研究表明商业银行的高度竞争可能会在风险、效率、信贷成本等方面带来负的外部性，而商业银行的内部考核机制与金融监管约束又要求其不断提升自身的竞争力，提高行业竞争度，提升社会福利效应的同时提高业务总规模。这就形成了内部考核机制、外部监管要求与社会福利效应最大化的三元悖论，寻找三者之间的均衡点，是协同发展的重要目标。应避免过度同质化竞争，有效规避竞争带来的信用风险等问题。各家商业银行应发展自身特色业务，深耕所在领域，守住自身经营优势，为市场提供高质量、有效的服务，优势互补，同时使机构获取合理的收益。

第二，控制银行业持牌数量，制定安全有效的退出机制。中国商业银行数量众多，有因历史原因合并成立的持牌机构，也有一定时期地方政府背景的融资持牌机构。这些机构在特定的历史背景下，都是有必要设立且发挥了重要作用的。随着市场经济的发展，持牌机构倾向于发展壮大，向全面化方向发展。但是，相对落后的管理模式与市场规模增长有限的矛盾，使得众多小型持牌商业银行面临着不小的信用风险与流动性风险。部分中小商业银行在发展过程中呈现了股东多元化特点，又使得没有足够实力的股东侵占了商业银行的信贷资源。制定银行业安全的退出机制，让市场上存在风险的商业银行能够有序安全退出，能够降低引发系统性风险的可能性，化解潜在的风险。

第三，采取有效的金融创新监管措施，提升违规创新成本。采取有效的措施，对商业银行涉及规避监管的创新行为从源头上进行限制，对相关重要的创新产品实行备案制，创新产品规模超过限额要重新评估其对市场的影响。提升违规创新、监管套利的成本，对开展涉及规避监管、增加金融市场系统性金融风险的行为采取罚没所得的方式来处罚，而非简单地以窗口指导暂停创新业务的形式。应提升违规产品的处罚力度，防范形成行业性惯例，提升行业防范风险的预期；制定行为监管的行业规则，通过银行自证合规的形式使金融创新更加审慎。

第四，加强金融科技建设，稳步推进国际化业务。金融科技水平的提升，有助于银行开展轻资产运营，降低运营成本，提升利润空间，有效防范道德风险与操作风险。在成熟的金融科技条件下，银行可以为用户提供全方位的一揽子金融服务解决方案。与此同时，我国银行业的国际化进程仍然较慢，国际竞争能力较弱，合规意识较差，银行的国际化有助于带动国内业务的规范化与合规化，从而使整个行业取得进步。我国有巨大的金融服务需求，涉外金融服务也越来越多，银行业的国际化经营一方面可以满足国内用户的涉外金融服务需求，另一方面可以通过扩大市场来获取业务增量，增加客户基数。未来，全球化经营将是银行业的发展趋势，伴随人民币国际化、企业客户走出去与金融资产国际化，国内的商业银行终将拥抱国际市场，参与国际竞争。

第五，探索行为监管方式来推高银行违规成本，从而形成有效的自律监管。从监管模式上修订当前的监管方案，由当前的创新业务审批制及固有业务规范制，转变成大框架下监管思想的传递。在大框架下，商业银行可以开展任何符合规定的创新业务，监管机构在对业务模式和本质存疑时，银行须对该业务进行穿透式剖析和解读，业务本质不符合现有要求的，对所有业务所得予以罚没。通过严监管、强自律的方式，增加银行业的违规成本，防范金融创新风险的积累。

第六，加快行业市场化发展进程，向提供一揽子金融服务转型。我国银行业发展的现代化程度仍然不足，利率市场化的落地仍然存在"最后一公里"的问题，商业银行的相关政策性贷款、关系型贷款仍然存在。通过改革银行业的公司治理机制，提升职业经理人的市场价值，可以改善内部治理结构，提升运营效率。未来商业银行收入来源将从息差业务转向中间业务，从传统信贷业务转向代客服务业务，合规审慎经营是必然要求。银行提升自身正外部性的最佳方法是提供一揽子优质的金融服务解决方案，创造自身的优势特色，培养高黏性的客户群体，增强自身稳健性。

尽管本节对银行竞争的内部影响与溢出效应的研究已经较为深入，但是对于如何走出"特许经营悖论"，寻找风险、效率的均衡点等问题，研究空间仍然很大。在此，罗列一些未来的研究方向，以期学界和业界进一步完善对银行业市场的研究工作。

首先，是最优竞争的均衡点问题。我们要找到理性竞争与系统性风险、运行效率、信贷成本之间的均衡点。单一地通过增加外部监管约束的方法，能够求得该问题项下的局部最优解，却很难求得全局最优解；只有全面剖析多个问题的局部最优解，形成全局最优解，才能够加速整个金融系统帕累托改进。只有通过不断的制度改革，激活金融市场的改革红利，才能够解决传统金融环境下的系统性风险积累、运行效率低下以及信贷成本不断攀升等问题。解决好多维问题中的系列矛盾，是经济学的目的，也是寻求理性竞争的路径。同时，该最优竞争均衡点应该是动态调整的，静态结论不一定适用于所有时期。因此，制定适用的公共政策与监管条例，用适用市场的手段去达到最优均衡，从而取得最优的社会福利效用，才是解决问题的最佳路径。

其次，是货币政策函数有效性问题。随着影子银行业务逐步从银行系统中剥离，银行回归主业，是否还有其他环节能够影响货币政策的传导？货币政策函数能否适应新形势下的传导机制？银行系统能否顺畅地传导央行的货币政策意图？这些都将成为货币政策面临的新问题。银行的信贷业务投向是由其内部考核约束所限制的，信贷资金又会逆向选择。一方面，银行更倾向于通过多种渠道将资金投向更安全、回报率更高的行业，而非政策鼓励的实体行业；另一方面，信贷资金即使流向实体企业，也并不一定会投入再生产，很可能会再次通过过桥形式流向收益率更好、更加稳健的行业。这一现象使得货币政策对经济的提振作用有所失灵，尤其是在低利率时期，这种现象尤为明显。这样就使得在特定的经济环境下，货币政策无论如何调控，都很难让信贷资金流向实体行业，并投入再生产。如何破解银行内部考核约束及信贷资金逆向选择与货币政策有效传导之间的矛盾就成为主要的问题。

再次，是开放条件下的货币政策传导问题。金融开放与人民币国际化将逐步成为金融系统的未来趋势，我们应未雨绸缪，探讨如何在金融开放条件下保持货币政策的定力，确保货币政策传导机制的顺畅。人民币未来将逐步走向国际化，货币供应量的外溢性使得在本国流通的现金或将不及预期，有效管理货币的流通，是对货币政策制定者的挑战。金融开放条件下，银行将会面临内部与外部的双重竞争，将会面临更加严峻的市场环境。此外，如何建立外部金融机构的有效货币政策二元传导路径，实现对境外货币传导机构的监管，以及建立规范健康的内外部金融机构竞争环境与制度，是未来需要探讨的一个重要议题。与此同时，随着金融科技的快速发展、数字货币的发行，将逐步实现资本的自由流动，开放条件下货币政策的定力与传导，是应对未来外部冲击的重要议题。

最后，是风险与利润的均衡问题。银行的内部考核约束与外部风险的矛盾，是经久不变的话题。信贷资金是"聪明的钱"，更倾向于流向国家支持、行业扶植、收益率高的产业与行业。对于朝阳行业的发掘和夕阳行业的有序退出，银行显得更为慎重。应规范银行信贷资金的抽取，以及制定相关的行业介入政策，对新兴行业的信贷实行存量底线监管，实现行业的良性轮动，释放行业轮动的改革红利，增加经济活力。在微观层面，应改善公司治理结构，对衍生品等复杂且可能蕴藏风险的业务，考核须更加审慎，内部合规管理须更加严格，防范发生道德风险及违规交易事件。

中篇 中国金融发展的溢出效应

第3章
金融周期与周期性金融化

第 1 节
金融周期与周期性金融化——债券的视角

金融周期在过去的百年中逐步被人们所认知,客观发生、有起有伏的特点又为其蒙上了神秘面纱。尽管金融周期表现出了一定的规律性,但是每一个完整的周期又都具有极其显著的差异化特点。在每个单独的金融周期中,过度繁荣时大多出现债市繁荣与金融化现象,这便是周期性金融化。周期性金融化现象伴随着金融周期不断地显现与消退,循环往复。那么,周期的逻辑是什么?周期性金融化与债券市场波动、杠杆以及政策之间又有怎样的关系?

◇ 周期的逻辑

周期是客观存在的,因受外界复杂因素的影响,其又呈现一定的不规律性。历史经验表明，周期很难被完美地刻画出来，却总是能够在关键的时点彰显其客观存在。物极必反，意思是当事物发展到极端，会向相反的方向转化，这非常符合周期的特点。"复苏—繁荣—衰退—萧条"，环环相扣，成为社会发展周而复始的链条。周期中的每个环节都可能被拉长或是缩短，却很难被逾越。

同时，周期也有长短、强弱之分及形式的不同，多个周期的叠加，使得事物发展的表象存在一定的不确定性，其背后的一般规律很难被发现。

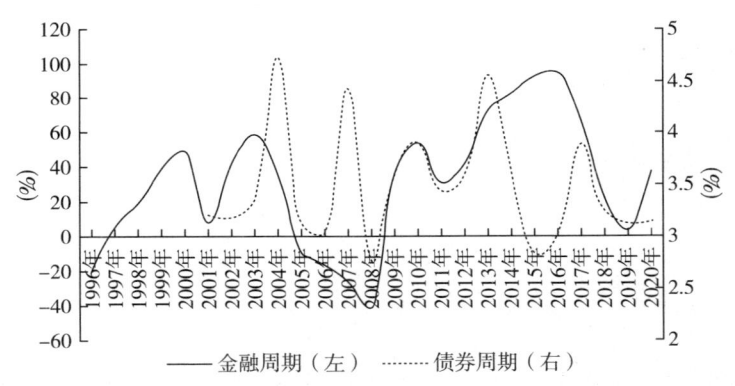

图3-1　金融周期（BIS信贷与GDP缺口）与债券周期（国债到期收益率）

◇ **金融周期与经济周期**

金融周期是指金融运转过程中所呈现出的循环往复的规律，也可以表现为市场参与者对资产价值与风险控制的态度变化所引发的金融繁荣与萧条的交替变化，抑或是由金融变量的扩张和收缩引起的周期性波动。这种波动将会传导到实体经济中去，引发经济的过热或萧条。伯南克（Bernanke）的金融加速器理论通过构建一个分析框架，将金融外部冲击通过金融体系与企业融资行为联系起来，冲击将被成倍放大，从而对经济造成巨大的影响。与金融周期相伴的是金融危机，危机的到来，将对经济形成致命的打击。西方国家历史上曾数次发生银行业危机，进而将整个实体经济带入停滞状态，国际收支不平衡，失业率大幅增加。1998年亚洲金融危机使得东南亚国家经济陷入困境，2008年国际金融危机对各国经济的影响一直持续数年。金融为经济发展提供动力与效率，金融周期对经济发展的影响是迅猛且持久的。费雪（Fisher）的债务－通缩理论认为过度负债与通货紧缩的恶性循环是造成金融危机的主要原因，过度负债效应下，市场流动性趋紧可能会造成链条式债务清偿，从而对经济运行造成系统性影响。

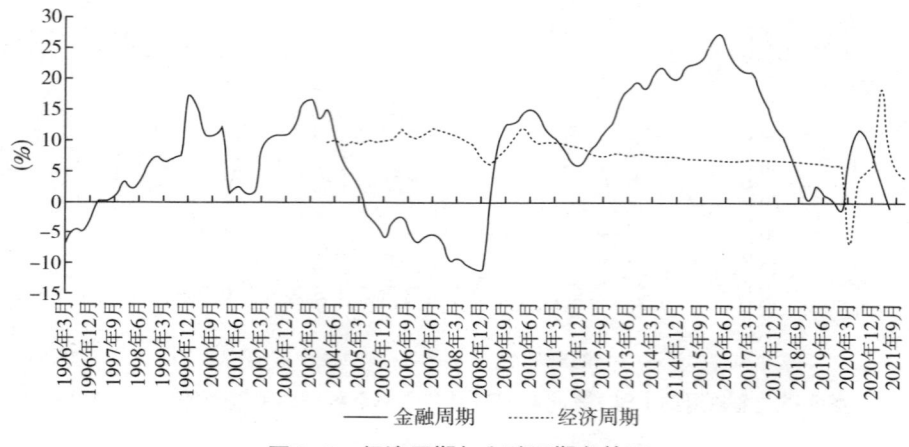

图3-2 经济周期与金融周期交替图

经济发展受金融周期的影响，因此，财政政策与货币政策在熨平金融周期对经济周期的影响过程中，起着十分关键的作用。但是，政策执行的效果具有滞后性与预期黏性，通过政策将金融周期完全熨平几乎不可能，这便会使大周期内嵌数个中周期与短周期。以弗里德曼（Friedman）为代表的货币主义学派认为经济周期是由货币供给变化导致的社会总需求的变化，总需求的变化会对失业和产出造成影响，金融周期对经济周期的影响本质是货币供给周期所影响的。以卢卡斯（Lucas）等人为代表的预期学派则认为产出与市场预期有关，需求增加与货币供给增加会混淆市场预期，从而产生市场冲击，造成经济周期。无论是哪个学派对经济周期的解读，都无法避开金融周期对经济周期的影响。金融周期同经济周期呈现同步不同频的现象,是客观存在的,这使金融周期成为开启经济周期的把手。

◇ **杠杆与周期性金融化**

杠杆推动经济金融化的根本原因是社会宏观杠杆率的上升开启新一轮的金融周期,并出现周期性金融化的现象。在这个过程中,债券市场有明显的波动。社会杠杆率的提升,一方面可以推升资产价格,带动产业链上一系列的企业发展;另一方面,其也在透支未来的发展潜力,潜在地提升了系统性风险。杠杆淋漓尽致地体现了事物的两面性,它既可以有效地促进经济的发展,也在一定程度上增强了市场的脆弱性。使用杠杆需要非常谨慎,同时要控制整体杠杆率的尺度,防范系统性风险。

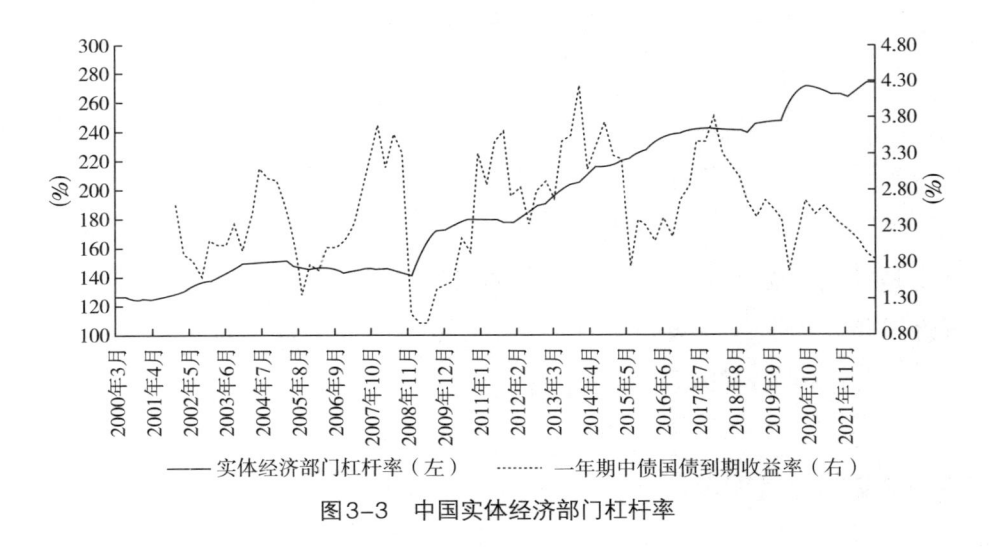

图3-3 中国实体经济部门杠杆率

杠杆是出现金融化的根本原因。从图3-3中可以看出,杠杆的上升大致是持续的。但是,每个阶段的上升大概都有开启、上涨、平复三个过程,这就形成了金融周期,每一次的杠杆上升,带来的都是金融周期的循环,这在债券收益率上体现得较为明显。只是每一次实体部门整体杠杆率的提升都在上一次的基础上展开，形成了整体杠杆率持续上升的现象。每一轮杠杆率的提升，都能够引起金融化的现象，无论是房地产、大宗商品抑或是实体企业，金融化的发生是有周期性的，本质是周期性杠杆率相对提升引发的周期性金融化现象。

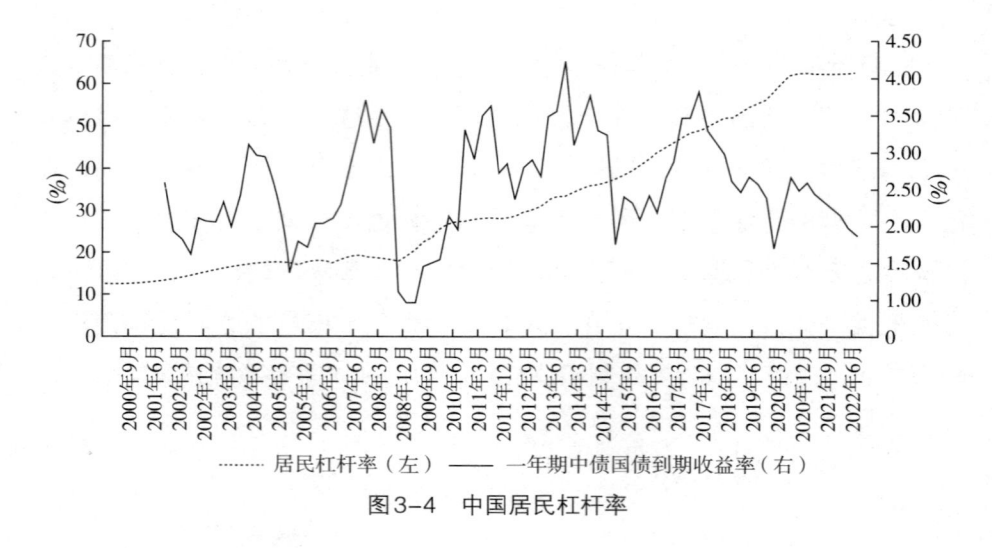

图3-4 中国居民杠杆率

去杠杆的过程也是去金融化的过程。每一轮杠杆率的提升，在上升到一定程度的时候，政府都通过"有形的手"来抑制杠杆率的过快提升，其实是抑制金融化现象的发生，也是防范无序的杠杆率过快提升引发系统性风险。因此，金融周期的演变，让社会整体金融化的现象具备了周期性，且这种周期性是客观存在的。

◇ **政策与金融周期**

毫无疑问，中国经济周期与金融周期都与政策有着比较密切的关系。宽松的货币政策和信贷政策使得社会整体杠杆率快速提高，在达到一定程度之后，货币政策与信贷政策需要为金融周期降温，防范风险。那么，到底是周期影响政策，还是政策创造周期？

政策可以影响周期，但无法完全熨平周期。无论是货币政策、财政政策还是信贷政策，都试图通过逆周期调节的方式来熨平经济周期，使经济的增长更加平稳有序，即：经济过热时，通过加息、缩减财政支出、限制信贷投放等方式来抑制经济的过热现象；当经济有衰退现象时，通过降息、增加财政支出、增加信贷投放等方式来刺激经济增长。但是，政策对于周期的影响是极为复杂的，我们很难通过投入产出函数来精准地制定完全适合经济发展规律的政策，只能根据以往的经验，通过摸着石头过河的方式为经济周期"纠偏"。因此，政策可以有效影响周期，却无法完全熨平周期。

一旦形成一致性预期，政策会很被动。当市场上形成一致性杠杆预期，例如在房地产市场，大家对于加信贷杠杆买房以及房价上涨形成了一致性预期，将会形成单边的交易模式，杠杆率和房价都会快速上涨。普通的限制政策对于抑制这种杠杆的上升是无效的，甚至会在一定程度上起到反向作用，政策的制定会非常被动。因此，对于金融周期的逆周期调节政策，最好的办法是建立政策库，评估每一种政策对于市场的影响和传导逻辑，当周期变化发生偏移时，根据不同的周期阶段和发展情况，选择合适的政策调节工具，对市场的一致性杠杆预期形成威慑作用。

◇ 债券市场波动与周期性金融化

无论是金融周期、经济周期、杠杆周期，还是周期性金融化，其最直接的外在表现是债券市场波动。一方面，债券市场价格敏感反映着借款主体的国别风险、信用风险与货币市场流动性充裕情况，另一方面，债券市场又是周期性金融化的外在表现。

周期性金融化通过金融加速器来影响债券市场价格，其源于市场预期、货币供应、信用扩张、相关政策等的正向供给，实现短周期的金融繁荣。在这一时期，信用风险被宽松的外部环境有效抑制，各类资产受到青睐，债券市场收益率走低。周期性金融化以市场一致性预期为引线，使得市场利率持续走低，同时通过金融繁荣来缓释风险，加速实现债券市场的繁荣。

周期性金融化的后期，金融繁荣落幕之后，往往是货币、信用与政策的三重收缩，加速了债券市场利率的提升，债券价格回落。至此，债券市场在周期性金融化的轮回中快速切换，实现了所谓的"牛熊"。不同于金融周期的波动，债券市场价格往往在一致性预期中加速找到均衡，形成"超调"现象。

总体来看，金融周期是周期性金融化的原因，周期性金融化反过来又影响金融周期的形成。金融周期与经济周期应该是相辅相成的，金融周期作用于经济周期，经济周期反过来又影响金融周期的进程。债券价格在周期的波动中体现着周期变化的预期。

第 2 节
服务实体经济是金融创新的基石

广义的金融可以被理解为进行资源高效配置的一种媒介工具,而金融创新则是在现有的法律制度、监管要求下,在金融工具的基础上进行创新,创造出更具高效资源配置能力的工具与方法。在经济不断发展的历史进程中,金融为经济的快速、高效发展做出了巨大贡献。中国经济体量不断增大,金融产品快速创新。一方面,实体经济发展对资源高效配置的需求加速扩张,但得不到充分满足;另一方面,所谓的"金融创新"层出不穷,却大多无法有效配置资源,这就形成了高金融需求与过剩金融供给之间的结构性矛盾。

金融创新是为了将资源更有效地配置到实体经济中。实体经济的发展是整个社会进步的阶梯,金融诞生的初衷就是配合实体经济发展;反过来,实体经济的扩张又推动了金融的不断演变。衡量金融创新成功与否的重要标准,就是看其是否促进了资源高效配置到实体经济中去,能否促进经济的健康稳定发展。以资金空转、规避监管、腾挪资产等方式所做的创新都不能称为金融创新。此外,金融创新不能以经济金融化为代价,不能为投机行为提供便利。

金融创新的存在原本是为了降低实体经济融资成本。金融创新通过风险量化、金融科技可以降低企业融资的时间成本与利息成本,为企业提供一个公平的融资服务平台,增强金融服务的普惠性。如果创新的金融产品以增加企业融资链长度为代价,提升了融资成本,滋养了融资链条上的企业与机构,则将会对部分利润率低的实体经济企业产生挤出效应,金融服务将偏于流向利润率高的产业,又造成该类行业的产能过剩，这也不是真正的金融创新。

金融创新不能造成实体经济的"黑天鹅"与"灰犀牛"。金融在服务实体经济繁荣发展的同时，不能以积累系统性风险为代价。表面看来，一些金融创新产品整个链条上各方都获益，实则是以积累系统性风险为隐性成本来博取收益，当风险积累到一定程度，将引发危机。2007年，美国发生次贷危机，就是此前整个链条上的个体与机构都获取收益，但积累了重大的系统性风险，从而造成了国际金融危机。因此，金融创新要杜绝交叉担保、过度杠杆等隐性增加市场系统性风险的行为，配合国家深化金融改革，营造完善、稳固、不惧外部冲击的健康金融环境。

服务实体经济，是金融创新的初衷所在。在符合金融监管制度的前提下，提高金融服务效率，降低企业融资成本，把控金融市场风险，坚持金融服务实体经济的本质不动摇。任何不服务实体经济的金融创新都是无效创新或伪创新，可能会增加系统性金融风险，带来不可挽回的损失。

第4章
黄金价格的逻辑

第 1 节
黄金价格的内在逻辑与衍生品税收征管

2020年以来，黄金作为避险资产，市场表现亮眼，受到了全球范围内个人和各类金融机构的投资追捧。黄金作为同时具有金融属性与货币属性的商品，价格短期受地缘政治、经济数据等基本面的影响，长期又受到定价货币美元的流动性供给冲击，具有较为复杂的内在逻辑。此外，目前国内部分黄金业务免征增值税，在税收上形成特殊性，这就使得黄金衍生品的税收征管成为值得探讨的话题。本节从美元实际利率视角来解读黄金价格波动的内在逻辑，试图寻求长期黄金价格的锚定标的；同时，对黄金衍生品的税收征管原则进行探讨。

◇ 黄金价格的内在逻辑

全球黄金价格由美元来锚定，由于黄金资产本身不生息，美元资产的实际收益率直接决定了配置黄金资产的机会成本。因此，美元实际利率是影响黄金价格的关键性因素，即美元实际利率下降，黄金价格将上涨，反之黄金价格则下降。又因为实际利率是名义利率与通货膨胀率的差值，因此，能够比较完整地反映美元实际利率的客观指标是美国国债收益率。从中长期利率来看，十年期美债收益率是较为合适的反映黄金价格走向的指标。从全球宏观经济与市场波动的角度看，美国十年期国债收益率又是全球利率锚。通过利差关系来观察，十年期美债收益率反映着其他主要经济体宏观经济变量。十年期美债收益率期限利差又决定了短期与长期利率的关系，是经济增速与股市波动的领先指标；国别利差决定了不同国家与美国之间的利率关系，是本币币值相对于美元波动的决定性因素之一；风险利差决定了风险溢价水平，是影响大类资产配置的重要参数。

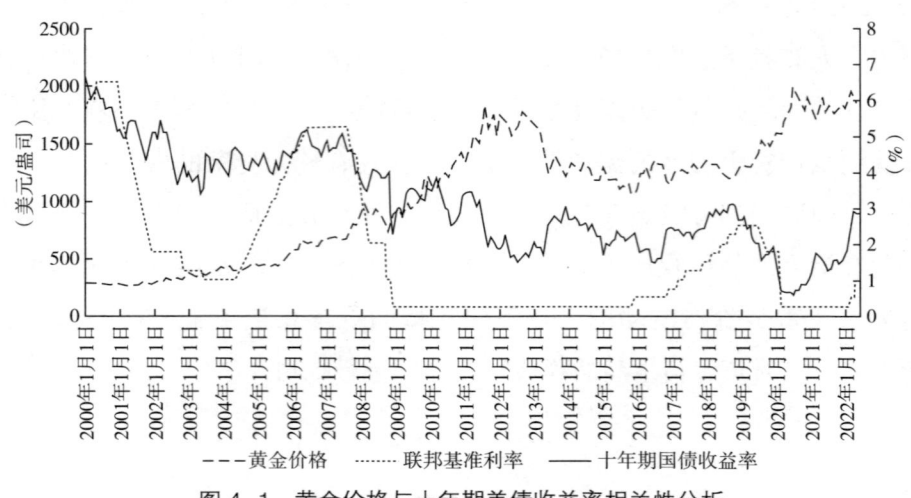

图 4-1　黄金价格与十年期美债收益率相关性分析

相较于美联储制定的联邦目标基准利率,十年期美债收益率表征了长周期的美元实际利率,更加准确与真实地反映了市场的利率变动情况。通过分析过去二十几年黄金价格与十年期美债收益率的相关性,发现二者之间呈现较强的负相关性。整个传导逻辑大致为,美联储通过量化宽松政策释放美元市场流动性,充足的流动性推动市场的实际利率下降,从而使得美债收益率下跌,推升市场的通货膨胀,提升商品价格;黄金作为不生息的商品资产,在市场实际利率较低时的配置成本较低,机构和个人选择在此时开展黄金配置,预期的一致性推升了黄金价格。

新冠疫情影响之初,市场认为美国的经济可能进入一个长周期的衰退,美联储采用无限量化宽松的货币政策来刺激经济,市场对于美元名义利率长期保持低位的预期比较一致。通货膨胀可能成为决定金价涨幅的关键,当时的美元通货膨胀主要是由美元货币超发驱动的。以往的美元量化宽松政策,并没有使得美国本土出现明显的通货膨胀现象,超发的美元货币,通过贸易渠道流入对美国贸易顺差的国家,并在企业结汇的大背景下向这些国家的市场持续释放了本币的流动性,通过货币乘数扩张,反而使得其他经济体的通胀承压。

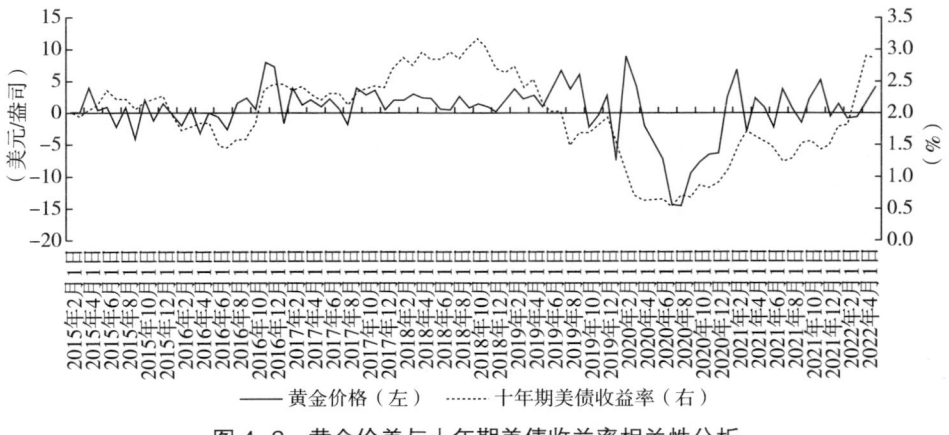

图 4-2　黄金价差与十年期美债收益率相关性分析

相比于黄金价格与十年期美债收益率高度相关，中国黄金境内外价差与十年期美债收益率的相关性也非常高。随着十年期美债收益率的大幅下降，市场无风险收益率下降，全球黄金的交易性需求上升，决定了中国境内的黄金价格与境外黄金价格差异的关键因素，由中国境内的黄金实物需求转变为全球黄金资产的配置需求。由此，中国境内外黄金价差逐步缩小甚至出现了负价差。反之，若全球金融机构配置黄金的机会成本增大，中国境内的黄金实物需求与境外黄金配置需求下降之间的差距，将成为黄金维持正向价差的主要原因。此外，黄金境内外价差的高低还受到其他诸多因素的影响。由于中国黄金进口采取配额制，配额发放的多少、市场消息面的预期以及中国境内黄金矿产企业的生产量与消费者的实物消费量亦将影响黄金价差。

近年来，国内矿产企业的产能基本稳定，但黄金实物消费量下滑明显。在黄金价格一路高涨的大背景下，民间首饰回收盘活了部分民间存金，境内的实物黄金需求短期内较难报复性反弹。受境外不确定性因素和美元量化宽松的影响，诸多海外金融机构配置了黄金资产，通过增加美国期货市场升水，让全球现货黄金集中流向美国的现象在疫情发生以来一直持续。

相较于直接判断黄金价格，判断美国国债的实际利率更为直观与简便，通过判断美债收益率来判定黄金的长期价格也更为科学。

影响美债收益率的因素很多，一般可以分为三大类，即美国经济基本面因素、美国通货膨胀水平因素和美国的期限溢价因素。就经济基本面因素来说，若美国经济基本面向好，整个经济的回报水平就会升高，能够带动美国国债收益率不断攀升，因此，经济基本面因素与黄金价格呈现负相关关系；此外，若市场通胀水平上升，就会提升市场的加息预期，投资国债也会要求较高的收益率水平，所以，通货膨胀与黄金价格应该是负相关关系；期限溢价是对投资者持有长期证券所承担额外风险的补偿，投资者风险偏好变低时，期限溢价上升推高长期国债收益率，因此，市场风险偏好与黄金价格呈现正相关关系。

国债收益率受发行国的经济基本面影响。国家主权债从本质上来讲是以该国的经济发展预期为背书，是以财政收入为还款来源的债务。美国作为当前世界上最大的经济体，所发行的美元又是全球货币，收取着高昂的铸币税，因此，其实际利率水平也是全球的利率锚，决定着全球利率水平。但是，这种影响正在多元化发展的全球经济中逐步弱化。

通货膨胀预期，代表市场对美联储利率政策变化的预期。通胀预期上行，加息预期升高，投资者对投资美国国债所要求的收益率也会升高。当美国的实际通货膨胀上升时，投资者需要通过获取更高的名义收益率来维持自身实际收益率不变。随着美联储量化宽松政策的不断推出，通胀目标已经有所放松，不再要求限定在一个目标范围内，因此，未来较大的可能是通胀将会上行。

一般来说，期限溢价水平代表投资者持有长期证券的意愿，也在一定程度上取决于全球市场的投资者对于未来投资风险的判断。金融市场风险较大时，市场参与者预期将有更激烈的市场波动程度，因此，随着避险心理不断增强，人们对美债的需求也会增加，美债价格上升，实际收益率下降。从理论上推断，其他条件相同的情况下，期限溢价越高，十年期美债收益率就越高。

对于疫情以来黄金现货不断流向美国的现象，更深层次的思考，是美联储无限量化宽松下对美元全球货币地位的担忧。美国通过加大黄金期货市场的期限升水，利用市场化的手段来增加黄金进口与黄金储备，从而为美元增加背书，以维持美元世界货币的地位，持续获取铸币收益。黄金价格目前仍然由美元主导，通过充分观察美元资产收益率的趋势方向，可以较为直观地研判黄金价格的下一步走势。

◇ **黄金衍生品税收征管**

黄金价格的波动为市场带来了结构性的配置和投资机会，由于黄金相比于其他商品市场波动幅度较小，黄金衍生品投资成为海内外个人投资者和机构投资者的重要选择。进行衍生品交易，能以较少的本金博取黄金价格波动的收益，又可以规避一定的市场风险。

但是，由于衍生品复杂的结构与期限，在一个完整的会计周期内很难评估衍生品的实际收益与增值，因此有关黄金衍生品的税收征管呈现了多种口径与原则。

无论是不将黄金衍生品计入税收征收范围，还是通过市场估值对黄金衍生品交易进行税收征收，都存在着较大的缺陷与问题。黄金衍生品的税收征管应该遵循实际损益原则、整体损益原则、均值损益原则等。

所谓实际损益，顾名思义就是衍生品交易是盈利还是亏损应该以实际发生损益为准，而不能以未实现损益为准。因此，对于单纯的衍生品交易，应该单独设立已实现损益科目，待衍生品交易到期，损益完全计入已实现损益科目后，再进行税收征管。在衍生品交易未到期时，所有的估值损益都应该计入未实现损益科目，该科目属非涉税科目。

整体损益原则是指一些衍生品业务采用了多种衍生品交易组合或者与现货组合的方式开展交易，在计算实际损益的时候，应将其整体损益计入已实现科目，而非只计算其中单边损益或部分损益。

所谓均值损益是指同一类别衍生品交易同一方向有很多笔，当发生反向平仓的时候，以现有的头寸均值为基础进行计算损益，而非采用先进先出法或是后进先出法计算损益。

黄金衍生品基本包括了远期、期货、掉期、期权等业务，原则上只有当衍生品交易结束时，才能够确定其真实的损益。在其存续期间，估值损益以及单边损益都不能作为税收征管基础，否则将发生损益失真的情况。当然，我们也不得不认识到，衍生品交易通常跨越会计周期，以衍生品交易结束时所在的会计周期征收其全时段的税收，也失之偏颇。若该笔或几笔衍生品交易获取较高的收益，却无法摊销在整个交易持续周期进行纳税，对于一些规模较大的衍生品交易来说，可能使得整个机构的报表严重失真。为了调整报表，机构投资者就要考虑在一个完整的会计年度将要结束的时候，结束这些衍生品交易，使所在机构的报表受到的影响最小。但是，这样的周期性操作往往又被市场捕捉，从而造成市场价格的周期性波动。如何平稳、健康地完成黄金衍生品的税收征管，还是未来需要继续深入探讨的话题。

未来，黄金价格的内在逻辑还可能不断切换，在动态调整之中把握好黄金价格的锚定，是黄金资产配置的关键要点。对于黄金衍生品税收征管，由于复杂性与周期不确定性，无论采用哪种方法都无法完美地在一个会计周期内完成纳税申报，只能选取相对科学的方法，依据相关原则进行科学征管。

第 2 节
美元指数与黄金价格相关性之谜—— 一定负相关吗[①]

历史上，美元指数与黄金价格多次反常地呈现正相关关系，这与众多黄金投资者所相信的美元指数与黄金价格负相关的规律相悖。美元与黄金同为避险资产，当大多数投资者选择一种投资标的时，另外一种避险标的将会被摒弃。基于此，众多投资者会在一个标的价格有所变化时，刻意去反向交易另一个标的，从而使得预期快速变现，也就是我们常说的二者呈现负相关关系。那么，为什么在一定时期内美元指数与黄金价格会呈现正相关关系呢？其正相关关系能长久维持吗？

◇ **以史为鉴**

从历史上来看，美元指数与黄金价格呈现正相关关系主要有四次，其影响原因各不相同。第一次（1978年11月—1979年11月），阿富汗、中非等局部政局动荡，全球市场对黄金和美元的避险需求双升，二者从而呈现正相关关系。第二次（1993年9月—1994年3月），美国政府宣布开展对他国的经济制裁，国际紧张局势提升，美元指数呈现强势，局部地区对黄金的避险需求增加，使得两个标的物价格呈现同时上升趋势。第三次（2004年12月—2005年12月），伊拉克暴力事件持续，局部战争不断，再次呈现美元指数与黄金价格"双升"的局面。第四次（2010年1月—2010年6月），欧洲主权债务危机不断发酵，全球通胀预期高涨，美

---

① 本文原载于《中国黄金报》，2017年5月23日第10版头条。

元与黄金作为避险资产受到追捧，美元指数与黄金价格呈现单边上涨。总体来看，历史上美元指数与黄金价格在较长一段时间内呈现正相关关系的情况，主要由美国以外的因素所导致，大体分为两类，一类是战争、暴力冲突因素，地区局势紧张导致避险需求上升；另一类是经济因素，局部的经济危机、通货膨胀等，使得投资者更倾向于持有抗通胀资产。

◇ 金融本质

从金融本质来看，黄金作为货币可以追溯到冶金技术的发明，早期由于全球经济发展的速度与黄金的开采速度相差无几，其作为流通货币可以抵御通胀、稳定物价。黄金作为没有中央银行发行的货币，不会因为滥发而造成通货膨胀，同时其作为货币的价值属性在于其内在价值能够恒等于其购买力。随着第二次工业革命的大发展，经济规模呈现指数式上涨，黄金的开采已经不能够适应高速发展的经济规模。

美元作为国际货币，由美联储发行并背书，早期美元与黄金挂钩，布雷顿森林体系瓦解之后，美元信用与美国主权信用紧紧联系在一起。若干年来，美元作为全球结算货币，因稳定的购买力、温和的通胀等原因被世界各国所广泛认可。黄金作为稀缺金属同时具备商品属性和货币属性，美元作为稳定货币目前具备最广泛的支付与结算属性，两者都已经集成了极强的避险功能。因此，当金融市场正常平稳运行的时候，美元指数与黄金价格呈现此消彼长的变动。

◇ 经验分析

历史经验表明，当发生不确定性时，避险资产价格将会上升。具体就美元指数与黄金价格而言，全球发生局部政治危机、经济危机的时候，两者呈现正相关变动，并且这种变动多表现为两者同时上涨，以满足局部地区不确定性所带来的全球避险需求。但是，当这种不确定性并非由美国以外的国家引起，而是发生在美国内部的时候，黄金的避险需求将会大大增加，而美元的避险属性弱化。因此，判断黄金价格与美元指数是否会形成正相关趋势，主要分析以下两种情况：这种不确定性发生在美国以外区域；这种不确定性对美国政府信用造成了影响。前者会使美元与黄金同时发挥避险属性，呈现价格"双升"局势；如果是后者，黄金价格与美元指数将会负相关。当不确定性并不明显时，美元与黄金同时作为避险资产，将会呈现此消彼长的走势，这种走势是投资者预期快速变现的表现。

综上来看，在美元的国际货币属性并未受到严重挑战的前提下，美元与黄金的正相关趋势只能是暂时性的，长期仍然要回归负相关关系。短期正相关走势也将在事件影响结束后逐步结束，国际金融市场将继续开启美元指数与黄金价格的常态反向波动。

第 3 节
分析黄金价格的若干理论框架——资产定价方法

马克思的一句"金银天然不是货币,货币天然是金银",道出了黄金、白银本身的商品属性与货币属性。黄金市场相对于其他市场更加有效,信息相对对称,在单一市场很难通过单边交易持续博取超额收益。

黄金价格的分析框架主要有以下几种。

1. 美国政治周期框架

共和党(Republican Party)传统的宏观经济政策往往是扩大财政赤字、减税、扩大政府债务增长的财政政策组合,配以启动降息周期的货币政策;民主党(Democratic Party)传统的宏观经济政策往往是缩小财政赤字规模、加税、控制政府债务增长的财政政策组合,配以启动加息周期的货币政策。

虽然市场往往认为美联储的货币政策是独立的,但是从长期看,美国财政政策和货币政策的方向与美国的总统周期比较匹配。这意味着,美国党派内宏观政策的传统立场对美联储的货币政策存在不可忽视的影响,美联储并不是完全独立的。美国两党对货币政策的偏好会在长期得到美联储的配合。

在具体的利率政策方面,共和党在执政期间往往会启动降息周期,而民主党在执政期间往往会启动加息周期,相应地,黄金价格受到美元货币政策的影响。因此,在共和党执政期间,黄金价格偏向上涨,在民主党执政期间,黄金价格偏向下跌。

2. 美元实际利率框架

美元实际利率是影响黄金价格的关键性因素,即:美元实际利率下降,黄金价格将上涨;反之,黄金价格下降。全球黄金价格由美元来锚定，由于黄金资产不生息，美元资产的实际收益率直接决定了配置黄金资产的机会成本。因此，美元加息周期开启，美元实际利率将逐步上行；通胀方面，由于已经长期处于高位，将随着加息逐步回落。因此，实际利率逐步上行，为黄金价格上行提供阻力。

3. 美林时钟投资框架

美林时钟投资理论是一种将资产、行业轮动、债券收益率曲线以及经济周期四个阶段联系起来的方法，是一个实用的指导投资的工具。

首先，"经济上行，通胀下行"构成复苏阶段，此阶段由于股票对经济的弹性更大，其相对债券和现金具备明显超额收益。

其次，"经济上行，通胀上行"构成过热阶段，在此阶段，通胀上升增加了持有现金的机会成本，可能出台的加息政策降低了债券的吸引力，股票的配置价值相对较强，而商品则将明显"走牛"；这一时期，黄金、白银等贵金属有走高的支撑。再次，"经济下行，通胀上行"构成滞胀阶段，在滞胀阶段，现金收益率提高，持有现金最明智，经济下行对企业盈利的冲击将对股票构成负面影响，债券相对股票的收益率提高。

最后，"经济下行，通胀下行"构成衰退阶段，在衰退阶段，通胀压力下降，货币政策趋松，债券表现最突出，随着经济即将见底的预期逐步形成，股票的吸引力逐步增强。

4. 美元流动性分析框架

当发生美元流动性危机的时候，全球金融机构都会卖出黄金来获取美元流动性，现货价格将会大幅下跌，期货升水大幅上升。当美元头寸不再稀缺，黄金现货与期货升水将快速回落。

历史上2008年国际金融危机、2020年新冠疫情冲击都造成市场的恐慌，人们纷纷卖出资产换取美元，造成美元流动性危机。

实体经济中的流动性风险也会影响黄金价格。在资金紧张时，首选的流动性最好的货币是美元。获取方式是在货币市场中拆借，货币拆借市场规模大，信用风险低，交易品种丰富，融资成本低廉。但若需要依靠抛售黄金来获取流动性，说明货币拆借市场已经发生流动性危机。因此，当发生美元流动性危机时，需要依靠硬通货的抛售来获取美元流动性，且这种抛售是需要大幅折价的。

以上几种框架基本涵盖了黄金价格分析的所有方面。通过以上分析，我们可以确定长短周期中黄金价格的变动趋势，剩下的就交给时间吧。

第5章
文化与金融——不可忽视的力量

第 1 节
文化与金融的关系——概念与界定

传统经济金融理论认为，金融决策应只由经济因素决定，如利润最大化理论和交易成本理论等。而近年来，有学者提出文化背景可能不可避免地对金融产生影响。文化在各个经济体中对经济（包括对金融）产生的作用渐渐成为一个受关注的话题。文化可以理解为社会成员内在和外在行为的规则，包含经济活动中的一些规则或者制度安排，那么金融作为一项制度安排，从大的层面看也属于文化范畴。又由于历史的传统承载着已经被固化下来或者未来将要革新的规则，因而文化精神层面和制度层面的安排对金融的影响非常重要。文化产业是文化传承和变革的主要载体，因此文化产业的发展对文化的传播、革新也起到很重要的作用，从而对金融的发展产生了诸多影响。

◇ 概念的提出和界定

文化是一个相对宽泛的概念，不同历史时期的人们对文化的理解不尽相同，不同地域的人们对文化的理解也有很大差别。综合多方对文化的定义，概括起来，文化基本涉及三个层面：一是物质文化层面，是人们在创造财富或者在改造自然过程中形成的文明积累，比如通信文化、出行文化、衣食文化、居所文化等；二是制度文化层面，主要是调节人们社会关系形成的共识，包括法律法规、家庭伦理、社会习俗等；三是价值文化层面，主要是调节个人思维所形成的价值观、世界观和人生观，这方面既可以是完全个体化的思想，也可以是社会在一定时期内形成的共识，如宗教、艺术、哲学等，但从根本上离不开个人对知识的欲求、对真理的探寻、对社会的洞察、对人生的期待和对自我的反思。

本章撰写的初衷并非孤立地讨论文化，因此笔者认为可以在这里将文化理解为一个含义很宽泛的词语。同时，考虑到文化更多体现的应是人们的精神和意识，因此，基于物质财富发展所形成的文明符号和社会活动映像（如工具文化、家庭关系、风俗习惯等）不在本章的讨论中。笔者将文化着重理解为上述三个层面中第二层面的法律、制度安排及习俗，以及第三层面的大部分。

金融的含义同样十分宽泛，按照字面意思，可以理解为资金的融通。我们也可以将金融理解为经济学宏观金融、中观金融和微观金融的综合：宏观层面包括货币的发行、流通和回笼以及对经济的影响；中观层面主要是金融体系的结构及对经济的影响；微观层面主要是金融市场中金融主体的活动和行为模式，如商业银行的存贷款业务、表外业务，又如投资银行的证券发行、经纪和交易等业务。但这同样是基于物质财富的流动所形成的基本现象。

对金融的理解如果更深一层次，则其能够同文化更好地结合，简单来讲，可以认为金融是信用或者信任在经济领域的延伸。从第三次社会大分工中的商品流通开始，经济关系逐渐变成了调整人与人之间生产、分配、交换和消费的关系，进而出现了基于未来预期的承诺和信用，金融关系就已经产生了。因此任何形式的债权、股权本质上都意味着对未来预期的承诺，也就是基于信用的金融关系。原始社会的以物易物只是金融的萌芽，一般等价物乃至金属货币的产生有了信用的基础，而中世纪欧洲出现的承兑票据（中国宋朝的交子也有承兑的性质），意味着信用和承诺的大范围应用，金融活动自此迅速推广。

如果将金融的本质理解为信用，那么金融的文化基因就可以围绕信用和信任展开。从文化的第二层面看，信用的延伸形成制度安排，包括所有权的确立、私有财产的保护和人们经济活动中要约与承诺的契约关系，进而形成了调节人和人之间经济关系的法律体系。从文化的第三层面看，信用形成了人们的信仰，它深深植根于平等、守信的价值理念，在经济活动中形成了尊重、协作、寻求价值体系最大化和资源利用最有效的共识。另外，信用的产生基于对未来的预期，这种预期来源于人们对自然的探索和创新，以及在面对环境挑战时所进行的应对活动，按照历史学家汤因比的说法，这是文明进步的原动力。因此以更宽广的视角看，金融是人类文明进步和发展的润滑剂。从经济层面看，金融、信用必然同人的创造活动以及其中的创新和探索精神有很紧密的关系。因此笔者认为，金融的文化基因中主要包含着信任和创造两方面因素。

相比之下，对文化产业的定义则要简单明了许多。联合国教科文组织曾这样定义文化产业：文化产业是按照工业标准，生产、再生产、储存以及分配文化产品和服务的一系列活动。在我国，国家统计局对文化产业的定义是：为社会公众提供文化产品和文化相关产品的生产活动的集合。综上，笔者认为，可以简单地将文化产业理解为人们从事文化活动中的价值创造过程和价值形成的总和。

文化产业对文化的影响主要体现在两个层面，一是对文化塑造的影响，二是对文化传播的影响。也可以说，文化产业一方面深化和丰富了文化的内涵，另一方面扩大了文化的影响范围。文化塑造的主体是人，因此文化产业的发展提高了人的素质，进而提高了人塑造文化的能力。文化传播的主体也是人，因此文化产业的发展加强了人和人之间的联系。从提高人的素质这个角度看，由于文化的塑造必然伴随着创新，因此我们可以构建文化产业对创新的影响和对金融的需求增加的逻辑结构。从加强人与人之间关系的角度看，由于文化传播的作用是促进人们在经济和社会关系中形成最大共识，因此我们可以构建文化产业对传播的影响和促使金融信用提升的分析框架。

第 2 节
文化对金融的促进作用——历史的借鉴

从金融发展的历史来看,世界各地的文化背景,在当地的金融体系建立发展过程中都起到了举足轻重的作用。

◇ 中国儒家文化对金融发展的作用

儒家文化是中国传统文化的主流,还以其强大的辐射力影响了世界许多国家和地区。对于儒家文化对经济和金融发展的作用,外界一直存在着争议。

一方面,传统西方经济学家认为儒家文化阻碍经济和金融发展。例如,韦伯认为在儒家文化的环境下,社会重视君主权威,重农抑商、自给自足,政府忽视规范的市场制度设计,商人社会地位不高,尤其是受儒家文化影响的地主乡绅阶级习惯于将资本集中于土地,都导致商业经济发展缓慢,在一定程度上抑制了经济的发展,这也隐含着儒家文化对金融发展的抑制。

另一方面,随着亚洲经济的崛起,特别是"四小龙"飞速发展和"中国经济奇迹"的出现,一些学者开始认同儒家文化对经济和金融的促进作用。儒家文化提倡勤俭节约,这种思想有助于为经济发展提供资本积累和社会储蓄,高储蓄率是东亚经济和金融腾飞的重要基础。儒家文化提倡现实主义精神,赋予人们坚韧和开拓的精神力量,能让信奉者更多关注社会和个人发展,兢兢业业开创事业,促进经济和金融发展,这一点从许多企业奉行的企业文化上有所体现。

中国传统的儒家文化并不是一成不变的，随着经济和社会的发展，儒家文化也展现了与时俱进的强大融合力，不断借鉴吸收和充实着有益的文化内容，同时，也在剔除某些文化糟粕，在发展中不断依据经济基础进行着调整，而这样的调整无疑是推动市场经济和金融发展的。学者张志武曾强调，在古代社会缺乏金融保险的情况下，家庭血缘是重要的风险防控保障。随着中国经济和社会的发展，人们的需求已从基本的温饱需求上升到立体全面的生活需求，实现对未来风险的规避成为金融业发展的重要议题。在此情况下，吸收了法制与市场观念的新儒家文化会对经济和金融发展有更大的促进作用。

◇ 中国的晋商文化与近代金融启蒙发展

如果将货币产生作为金融的起源，中国的金融历史至少可以追溯到秦始皇统一货币以及西汉商业文明的快速发展。但大规模基于信用体系的金融活动基本始于明末清初。随着商品经济和市场交易的不断发展，"中国近代金融体系"的重要标志——晋商票号也从明末的"半天下"发展到清朝的"遍天下"。其商业网络遍布大江南北，还扩展到北亚地区，在运行方式上也出现了分号制与联号制。究其迅速发展的原因，儒家文化和晋商文化的影响力功不可没。

儒家文化一直推崇诚信、仁义，而晋商文化又是以"重信义、贵忠诚"为核心的，因此，以信用文化和信用体系为支柱的晋商票号不仅获取了顾客的信任，也造就了一代又一代有着鲜明晋商文化烙印的金融职业群体，为近代金融业发展夯实了人才基础。晋商文化还蕴含审时度势、应变创新的精神，晋商善于在信义原则下以权谋应变、择时而动，从而一次次创造了财富神话。晋商的信用文化，是中国近现代商业、金融业萌芽和发展过程中不可或缺的关键推力，更是中华文明史上的一颗璀璨明珠。

◇ 世界宗教文化对金融发展的作用

从目前的研究来看，关于宗教文化对金融行业发展所起的作用，学者们中都一分为二地看，认为某些宗教或宗教的某部分内容对金融发展有阻碍作用，但从全球范围来看，宗教文化确实催生了金融并促进其快速发展。韦伯在《新教伦理与资本主义精神》中强调了宗教文化对金融的决定性作用，他认为新教传播的理性文化价值观有利于金融市场的完善和商业从业人员的职业教育，尤其是提倡的节俭和勤勉的精神，与金融活动中的储蓄、投资要求相契合，由此产生了对金融诞生的需求。韦伯进一步分析认为，新教伦理在很大程度上是通过不断创新的商业活动来激发人们对未知领域的探索需求，而这既符合宗教精神，也符合资本主义精神，同样会激发金融需求。以上两种精神在韦伯看来就是艰苦劳动精神和积极进取精神，或者我们称之为近代的企业家精神。

总体来看，文化对金融发展的作用主要体现在道德、信用方面。从地域比较的角度看，研究显示中国传统儒家文化在历史上曾对金融发展有一定阻碍作用，但与时俱进的新儒家文化对金融发展有促进作用；从全球范围来看，基督教的宗教文化对金融发展的促进作用更强。根据现有研究可以得知，由于西方金融业发展成熟，现有文化对金融促进作用的研究多是以全球范围或西方文化为主要研究对象，涉及中国文化与金融发展关系的研究也多集中于历史研究范畴，研究对象多是中国的儒家文化和晋商文化。近年来，中国金融行业无论在规模、产值还是创新方面都发展迅速，令世界赞叹。从某种程度上来讲，我国实行改革开放后，西方经验的借鉴同传统儒家文化的转型，可能是共同促进金融快速发展的文化内在动力。

◇ 欧洲金融发展的开端

按照美国历史经济学家金德尔伯格的研究（《西欧金融史》，1984年），近代金融产生于西欧，主要是基于政府信用的产生。纵观世界金融发展历史，由宗教文化和君权文化衍生出的寺院、宫殿等建造工程，由文化冲突引发的战争，都创造了大量的货币需求。当财政收入远不能满足这种需求时，早期大规模的信贷便诞生了。

政府信用的快速崛起，发生于16世纪的欧洲大变革时期，使人们进一步摆脱天主教会的思想禁锢，还有一个很大的影响是对利息的承认。利息本质上是预期收益，也要基于承诺基础上的信用。政府对利息的认可促进了近代金融业的大发展。例如，在英国金融制度正式出现之前，政府已经意识到当时重农抑商的观念不利于经济的长远发展，便进行了观念性、制度性的变革，扶持了新生的金融组织，并修改了当时的相关法律，使借贷收息合法，奠定了英国现代金融大厦的支柱——可以看到，英国金融业的诞生得益于政治文化方面的改革。此后，在海上霸权争夺和殖民文化传播的过程中，汉诺威王朝出让了海外探索的预期收益，由此，英国最早进行金融创新的东印度公司以共担风险股本融资和现代管理制度，作为现代公司存在了两百多年。

这一时期也是思想大解放时期，并形成了两种趋势。一是科学理性精神逐渐传播至整个社会，经济人的理性逐渐形成思潮。二是伴随宗教改革，信仰逐渐成为个人的事情，以英国清教徒为代表的人们日益专注于本职工作。企业家精神成为人和上帝沟通的一种新渠道，这种文化精神让商人阶层在内心深处有了价值支撑，为金融的发展注入了内在动力，即追求利润是为了更好地完成上帝赋予的使命，这种神圣的道德感在某种程度上推动了商业的发展，增加了对资金的需求，近代金融应运而生。

对于文化与金融的关系，中外学者都做了比较深入的研究，主流思想都认为尽管某些地域文化在一定程度上对金融发展有阻碍作用，但从历史发展的实践来看，文化中的主流价值对金融的诞生和发展都起到了比较积极的促进作用。

◇ **信用文化对金融发展的作用**

信任，表明个人能在多大程度上相信更广大的人群而非更狭小的群体。我们可以合理地假设：个体相信的人群越广大，越会倾向于从事金融交易，对银行部门、股市及其他金融部门抱有更强的信心。一方面，低信用程度的文化社会环境能催生人们对强有力信用保障的需求，从而促进了金融行业的发展。文化环境中社会信任越匮乏，经济主体在交易中就会面临越多的道德风险，就越能催生金融行业的发展。另一方面，高信用程度的文化社会环境能为商品交易和市场经济提供良好的氛围，有利于投资和储蓄需求的增长，也能促进金融行业的发展。陈雨露、马勇[1]认为社会人群趋于更强的信任关系，市场主导型金融体系就更容易建立，且金融业的效率更高，成本更低。

◇ **文化中的价值观、道德观对金融发展的作用**

价值观、道德观和宗教信仰对人性弱点的约束都是文化的精髓所在，其在对人的社会活动进行规范引导的同时，也作用于金融行业的发展。经济学的鼻祖亚当·斯密在《道德情操论》（1759）和《国民财富的性质和原因的研究》（1776）中就指出，由于"经济人"会受到社会文化以及道德规范的约束，文化（尤其是道德观）在金融活动中起到了规范作用；马歇尔在《经济学原理》中强调道德观与经济动机一起引导了经济金融

---

[1] 陈雨露，马勇. 社会信用文化、金融体系结构与金融业组织形式 [J]. 经济研究，2008，（3）.

活动的开展，他还认为地域文化也是影响经济金融发展的重要因素（例如开宗教改革先河的英国、勇于开疆拓土的美国，成为工业革命和金融发展的沃土）；国外有学者采取实证研究证明了文化对金融发展的促进关系，认为道德感越强的文化环境，产权保护的法规制度就越完善，越有利于创新活动的开展和人均收入水平的提高，从而对发达金融的需要也越迫切；文化是金融经济合约的重要执行机制之一，作为除法律显性执行机制之外的隐性执行机制，中国传统的家族血缘文化在养老金、保险金、信贷等重要金融合约的执行中起到了重要作用，而且宗族内的隐性保险机制也是金融保险的雏形。

第 3 节
文化增强金融发展内生动力

◇ **互联网思维赋予文化及文化产业新内涵，为金融发展注入新活力**

近年来，信息通信技术快速发展，互联网深入国民经济各个领域。互联网不仅仅是技术，不仅仅是产业，更是一种基因、一种文化、一种生活方式。互联网已经极大地拓展了各类主体交往的广度和深度。而随着网络的不断深化发展，基于最大信息程度的交往促进了人与人之间信任度的提高。互联网在信任的基础上发展，变得更加包容、更加开放，这充分赋予了文化和文化产业以新内涵。

互联网思维促进了文化同文化间、文化产业同其他产业间的深度融合，碰撞产生新的理念，催生了新的产业链，加快进化新的生态体系，其进一步发展将使得文化和文化产业引申出深度创新和更广泛的信任合作，互联网基因由此发展成互联网文化，带动互联网文化产业。而开放、共享、包容、合作的新理念，将使文化及文化产业同金融业更好地进行创新性的融合。以众筹为例，其形式是通过网络筹集生产资源，不仅仅是资金，也包括各类生产要素，其实质是众创时代中每一个创客的"点子"。分析众筹案例，笔者认为，众筹既是文化又是金融，众筹发展就是文化产业同金融产业融合的很好例证，也是互联网思维赋予文化及文化产业新内涵的现实体现。

◇ **文化增强金融发展内在动力的方法**

一是要加快推动通信基础设施建设，促进共建共享，特别是要完善普遍服务机制，加大对中西部信息基础设施建设的投入，缩小数字鸿沟。二是要大力推广互联网模式下的新业态、新应用和新产业，推动互联网企业开放平台，鼓励广大中小企业在平台上开发、创作。三是发展互联网模式下的新兴文化产业，促进文化产业线上线下融合创新，打造线上找资源、线下做服务的新模式。

实践证明，基于互联网发展的文化产业相比传统文化产业创造性更强，这种新业态快速发展将使创新创业理念快速融入文化产业中，可以增加对金融发展的需要，更重要的是文化产业具有以轻资产为主、互联网新思维注入障碍少且速度快的优势，因而可以大大提高创新融合发展的速度。以文化产业为突破口，促进互联网思维的快速传播有利于改变人们的传统观念，增强人们的创新意愿和彼此信任度，形成的价值理念对金融的发展是十分有利的。

第6章
如何应对经济金融风险

第1节
应对金融风险的货币政策逻辑
——发达经济体银行业发展历程的视角

当一国经济面临外部冲击时,央行采取适度宽松的货币政策,不仅可以促进经济复苏,还提供了经济体内银行业稳定的必要外部环境,同时较高的银行集中度有助于提升金融系统的抗冲击能力。未来,须聚焦货币政策如何防范和应对银行业金融风险。本文从发达经济体银行业发展历程的视角,总结相关的风险化解经验。

◇ **欧洲央行为化解内外部冲击释放流动性**

欧洲的银行业发展历史要追溯到13世纪到15世纪,其银行发展历程与国家主权息息相关。13世纪,欧洲第一家银行——意大利银行成立。银行首先成为国家的金融工具，尤其是在战争时期，国家通过由其主导的银行发行纸币，通过超发货币、通货膨胀来获取战争经费。欧洲早期的银行行使着中央银行的货币发行职能，用于收取巨额铸币税，以支撑连年战争的花费。

欧洲联盟成立之前，各国银行之间存在显著的竞争关系，但受到各国之间的资本壁垒阻挡，尚且存在竞争限制。1993年，欧洲联盟正式成立，欧盟成员国之间的经济一体化逐步实现。人力资本和技术资本的自由流动，使得欧盟经济区的经济增长速度有所上升，改革红利与规模效应凸显。欧盟各国原有的商业银行在没有了国别壁垒保护之后，彼此之间的竞争逐渐增强。其主要表现：一是竞争的区域扩大，由原有的国内银行竞争变为欧盟区国家银行竞争；二是参与竞争的银行数量增加，欧盟以外的大型跨国银行也逐步参与进来；三是非银机构的不对称性竞争增强，非银机构的业务范围更广，参与竞争的力度更强。欧盟成员国银行的兼并收购案件逐渐增多，随着欧盟监管政策的统一和规范，银行的集中度逐渐上升。

1998年6月1日，欧洲央行成立，欧盟货币一体化改革正式开始。与日本模式不同的是，欧盟的银行数量下降发生在联盟成立之时，发生在从原有的制度保护竞争模式逐步转变为完全竞争模式的过程中。由于欧洲人口数量限制及各国本身多头监管的原因，欧洲商业银行数量下降时期并未出现大规模的危机，欧盟建立以后，欧洲经济也未出现过度繁荣的情况。

"1929年大危机"之后，欧洲银行业遭受了巨大的冲击。工业企业的发展状态低迷使得其偿还银行贷款的能力减弱，银行不得不继续向其发放贷款以使其维持经营。这次危机中，除英、法两国银行业相对稳定，其他欧洲国家的银行业受冲击较大，众多中小银行倒闭。危机之后，凯恩斯主义盛行，欧洲各国对银行业的监管逐步加强，针对银行业采取多种形式的调节与约束。20世纪50年代，欧洲美元的兴起，使得伦敦成为全球金融中心。在经历20世纪90年代开始的银行并购浪潮之后，欧洲银行的竞争趋于缓和，寡头局面逐步形成。2008年国际金融危机使得商业银行之间的互相不信任程度大大提升，随着欧洲央行不断提供流动性，欧洲银行业的风险得到逐步缓释。

欧洲联盟成立以后，银行业的市场结构发生了重要变化。一方面，银行数量通过前述的兼并收购之后有所下降，这是欧洲银行业内部竞争的结果，一部分竞争能力较弱的银行在竞争加剧之后被市场出清；另一方面，银行的集中度上升，即"强者恒强，弱者恒弱"，以应对金融危机、债务危机等外部因素所带来的冲击。此外，欧元区银行业的收入结构发生了较大变化，非利息收入占比明显提升，这说明银行业对息差的竞争越来越激烈。欧洲银行业的发展历程较为特殊，欧洲经济一体化之前，各国独立制定各自的金融监管政策，一国金融体系冲击不足以影响全局。随着经济一体化的推进，各国银行之间的竞争壁垒不再存在，银行兼并收购增多，银行业集中度提升。当外部冲击（国际金融危机）与内部冲击（欧洲债务危机）发酵，欧洲央行通过释放流动性，保证了欧洲商业银行的稳定。

◇ 金融危机对美国银行业冲击力较大

美国银行业的发展始于美国独立战争之后。由于私营银行不能够满足社会经济发展的需要，美国第一合众银行于1791年成立，州银行体系逐步建立。此后，州银行的数量不断增加，这一时期的州银行由各州自行监管，金融自由化程度较高，银行倒闭事件时有发生。美国南北战争爆发之后，联邦政府为了统一货币，成立了国民银行，在全国范围内经营。至此，美国银行业结构呈现二元体系，一是受联邦政府监管的国民银行，二是受相对宽松的州政府监管的州银行。随着各州银行数量的增加，美国商业银行数量一度快速上升，顶峰时超过了14000家。之后同业竞争与外部竞争越来越激烈,商业银行数量由于倒闭、重组、并购等不断下降,回落至5000家以内。20世纪80年代开始,美国货币市场基金不断吸收银行存款,提升了商业银行的负债成本。2013年开始,我国货币市场基金在互联网渠道得到热销,银行存款向货币基金转化明显。

美国银行业发展的过程呈现出以下几个特点。

一是银行业的不稳定性凸显。第二次世界大战以后相当长的时间内,美国经济保持发展较好态势,银行业呈现稳定性。这一时期美国本土银行倒闭仅为偶然事件,且倒闭机构的规模极小。进入20世纪70年代,美国经济陷入为期十年的困境,银行业开始发生大银行被接管或注资事件,联邦存款保险公司在这一时期发挥着重要作用。2008年国际金融危机期间,美国老牌商业银行花旗银行也不得不通过出让股份来维持经营运转。

二是银行国际化战略不断推进。第二次世界大战之后初期,美国仅有7家商业银行经营着72个海外分支机构,而到了1980年,美国已经有150家商业银行经营着805个海外分支机构。海外银行的发展在于客户跟随,随着资本外流的管制,越来越多的美国本土客户在海外具有融资需求,银行的海外分行与附属机构受到的国内监管限制较少。因此,商业银行出海行动在这一时期快速开展,美国银行业竞争的溢出效应明显。

三是金融科技重新塑造美国银行业。传统的银行业是人力资本密集型行业,随着金融科技的发展,科技系统能够代替原有的运营、风险、操作等诸多岗位,大大节省了银行的运营开支,为银行轻资本运营、提升自身的效率和市场竞争力提供了重要保障。同时,金融科技重塑了银行业的服务模式,使银行能够提供全天候、移动互联的高效金融服务。

历次金融危机发生时,美国监管机构均处于金融自由化监管政策之下,未能够将金融风险化解在萌芽状态。由于美国的经济地位与美元的市场地位,危机往往向全世界蔓延。美国的商业银行数量也经历了由少到多又变少的过程。当经济形势下滑或者金融危机到来时，商业银行的资产质量会大大受到影响，并且可能造成流动性风险。银行的倒闭多出现在经济遭受外部冲击时，且信用风险的传播速度较快，可能引发系统性风险。美国的银行业监管也在混业监管与分业监管、强监管与金融自由化之间不断切换，以应对外部经济变化。

◇ 金融自由化使英国成为全球金融中心

英国的银行业发展历史悠久，18世纪后期，随着英国经济在工业革命的浪潮下迅速崛起，地方银行的数量也在不断增多。随后，股份制银行成为银行业的主流，第一次世界大战爆发前，股份制银行甚至形成了垄断局面。在此期间，英国的银行业兼并、重组的案例较多。最后，英国形成了几家股份制商业银行寡头。

英格兰银行是英国的中央银行，行使着货币发行的权利。1694年，英格兰银行由几位商人组建，是私人银行，经过三百年的不断发展和职能调整，才成为具有货币发行权的中央银行。当时，由于英国的财政收入不足以维持其连绵不断的殖民战争支出，因此政府通过由英格兰银行垄断货币发行权来募集资金；之后，其充当了最后贷款人的角色，英格兰银行也正式被国有化，成为英国央行。作为老牌的资本主义国家，英国的银行业监管制度相对健全，但是金融监管法律却不够完善。英国的金融环境相对自由，自律在银行监管中发挥了重要作用。宽松的金融环境也推动英国成为欧洲的金融中心，大量外资金融机构快速流入或设立分支机构。随着银行之间的竞争变得更加激烈，银行的发展趋于混业经营。在此期间，英国银行业的国际化、全球化程度在全球遥遥领先，为全球客户提供跨境金融服务。

英国银行业监管的发展历程可谓艰辛，并不断修正，大致可以分为两个阶段：第一阶段为1979年之前，为非正式监管阶段；第二阶段以

《1979年银行法》颁布为起点，正式进入依法监管的时代。《1979年银行法》确立了英国金融监管体系，采取了二元监管体制，一方面是政府机构对银行业的监管，另一方面是行业自律组织的监管。

1979年颁布的监管法律主要对银行的资本充足率、资产流动性等指标进行监管，监管相对较松。随着英国银行业的发展，银行金融机构与非银机构相互渗透，竞争日益加剧，银行业的业务范围不断扩大。为了进一步规范监管，英国政府于1987年颁布了《1987年银行法》，增加了监管机构，强调了审计的重要性，并赋予了英格兰银行更多的权利。

20世纪90年代初，英国先后发生了商业银行破产事件和巴林银行事件，为了规范银行业发展，防范系统性风险，《1998年英格兰银行法》颁布，赋予英格兰银行不经过财政部同意即可调整利率的货币政策决策权。同时，在英格兰银行内部设立货币政策委员会，负责制定货币政策，货币政策的独立性大大增强。在2008年国际金融危机背景下，英国的金融行业受到了重大冲击，为此，英国颁布了《2009年银行法》，进入全方位监管时代，开启了更加审慎监管的序幕，各家商业银行的合规成本也迅速提升。英国银行业遭受危机主要是受到国际金融危机的影响，其自由化的金融政策，使得资本流动对本土金融机构造成了冲击。

◇ **近代日本银行业发展顺周期性明显**

日本银行业的发展伴随其经济发展的周期性比较明显，大致可以分为四个时期。

第一个时期是19世纪60年代至20世纪20年代，是日本经济的第一个腾飞期。标志性事件为银行的雏形汇兑会社成立。汇兑会社成立于日本明治维新之前，其业务范围包括存款、贷款、金银兑换等现代商业银行业务，全国性的信贷制度开始建立。但是，这种汇兑会社的层次较低，不能满足社会发展的需求，并未维持多久就陷入了衰退。1871年11月，东京银行成立，其成为拥有纸币发行权的私人商业银行。1872年，日本政府颁布《国立银行条例》，对纸币的滥发行为进行了整顿。直至1883年，日本政府修订了《国立银行条例》，银行才被彻底剥夺纸币的发行权。同年，日本政府成立了日本银行，承担中央银行的职责。战争冲击对日本金融市场的均衡利率有着较大的影响，日俄战争期间，日本银行共发行了六次国债，利率逐步提升。第一次世界大战以后，日本的经济进入了"整理时代"，经济的回落使得这一时期中小银行的经营极为困难，政府开始鼓励银行集中，日本银行业的第一次兼并浪潮开始。根据有关史料，日本商业银行数量在此时期呈现先上升后回落的特点。

第二个时期为20世纪50年代到70年代，是日本经济的高速增长期。第二次世界大战以后，日本经济的持续繁荣，使得利率长期维持在较低水平。由于证券行业发展缓慢，经济生活中产业发展主要依靠间接融资，即银行贷款，日本银行业的发展开始加快，社会杠杆率在这一时期也快速拉升。经济高速增长后期，随着经济增长速度的降低，金融监管政策趋向自由化发展。债券市场、外汇市场和股票市场的快速发展，扩大了金融市场的外延，金融自由化浪潮形成。同时，这一时期日本银行对商业银行追加信用的行为，奠定了货币政策的宽松环境，使得企业能够不断以间接融资的形式筹集到资金。由于信用扩张传导的通畅，日本经济增长在这一时期受到了金融发展的支撑。

第三个时期为20世纪80年代到90年代初，是日本经济的泡沫期。日本泡沫经济的发生与日本的货币政策、财政政策以及这一时期金融自由化的监管政策有关。这一时期的企业金融行为异常，企业将在金融市场筹集的资金重新投资于金融资产。大企业金融脱媒现象明显，其直接融资比重上升，不再完全依赖商业银行的信贷。商业银行向非银金融机构开展的融资业务比例快速增加，这些资金通过非银金融机构流向了房地产市场和资本市场。20世纪80年代的日本银行业资产负债表不断扩大，几乎占据了当时世界大银行资产排行榜的前十名。1992年年底，世界银行前25名排行榜中，日本银行占据17席。与此同时，日本央行保持了低利率宽松的货币政策。随着时间的推移，日本政府面对泡沫经济的压力增大，货币政策开始转向，通过加息行为刺破了泡沫。

第四个时期为20世纪90年代初以后，是日本经济的萧条期。从20世纪90年代初期开始，日本经济环境持续恶化，银行的不良资产增加，利润下降明显。尽管日本央行接连多次采取降息政策，但是陷入流动性陷阱的日本经济并未受到刺激政策提振。经济的不景气使得人们丧失信心，加速了房地产行业的危机爆发，银行通过住房金融机构发放的巨额贷款无法收回，遭受重大损失。一些银行开始通过修订自身的风险模型来审慎经营，提升中小企业的融资利率，金融加速器效应使得经济低迷环境下业绩持续恶化的中小企业经营状况更加不理想。日本商业银行在全球的资产排名中迅速下滑，至2020年前二十名中只有一席。巨额的不良资产使得日本的商业银行经历了信用危机，发生了诸多挤兑事件，一系列金融机构破产，金融的恐慌式危机又使得经济的发展陷入了停滞。

日本商业银行在资本主义快速发展过程中，经历了"特许经营权价值下降"和"监管宽容"。由于经济的快速增长，商业银行的数量不断增加，银行之间的竞争更加激烈，国际竞争力大大提升，但金融发展的速度快于经济增长，最后信贷资金在金融系统中空转，当货币政策收紧时，整个金融市场发生恐慌式崩溃。监管机构在经济快速发展期，采取了金融自由化的宽容监管，在经济的非理性繁荣期又采取了过于激进的货币政策转向；同时，日本监管机构存在大量监管人员向商业银行等金融机构流动的情况，因此在监管过程中，监管人员存在天然的"宽容"举措，以为自己将来转行提供便利。

◇ 化解金融风险需要相对宽松的货币环境

对比国外银行业发展历程，中国的央行代表国家信用，履行国家货币发行权利，是国务院的组成部门。同时，中国银行业的发展形成了国有大型商业银行、股份制商业银行、城市商业银行、村镇银行等层次明晰的分类，并未经历其他发达经济体兼并收购的历史时期。相对于发达国家的金融开放环境，我国的商业银行国际化与全球化程度较低。一方面，这降低了我国发生金融危机的可能性，增强了银行业金融稳定性；另一方面，银行业相对较高的特许经营权，也造成了一定的"无效率"。

20世纪90年代，我国商业银行的数量快速上升；20世纪90年代末开始，监管机构对银行牌照的发放更加审慎。随着我国2000年以后的银行市场化改革，越来越多的商业银行上市，采取股份制经营，银行创利的经营目标更加明确，资产负债表快速放大，资产规模不断上升。我国的银行体系在早期发展的过程中也存在金融自由化的时期，这一时期银行机构数量快速增加，影子银行等金融创新产品增多，经济增速下滑带来的银行资产质量下降是当前需要解决的问题。与欧美银行业相比，中国银行业相对稳定，从未发生大机构的流动性风险，但国际化竞争能力较弱，这与中国银行业发展时间较短有关。在金融科技方面，中国的互联网革命浪潮倒逼银行进行了科技升级，减少人工服务，增加人工智能等功能来保障金融安全，降低道德风险。

2008年以来，为削弱国际金融危机对经济的影响，我国采取了积极的财政政策与适度宽松的货币政策，政策通过银行信贷进行传导，迅速提振了实体经济。2015年，外部经济形势逐步严峻，国内银行业的发展出现了拐点，利润增长开始放缓。2018年以来，规范文件越来越多，进入了严监管的状态。这一时期，我国银行机构的数量在经济快速增长的过程中上升，业内竞争加速上升，房地产行业的杠杆率上升，资金从实体领域流向金融领域，系统性风险推高。日本的经验也启示我们，在化解系统性风险的过程中，应该保持外部稳健的货币政策环境，实现经济和金融发展的软着陆，防范引发恐慌式危机。

◇ 结论与启示

结合西方发达经济体的银行体系发展历程，笔者认为资本市场的高杠杆率在流动性紧缩情况下，可能触发信用违约风险以及实体经济的"断贷"风险，这都可能引发连锁反应，形成系统性金融风险。结合中国银行体系的发展进程，通过一系列的政策措施，外部宏观经济即使进入回调期，仍然能够保障银行业金融系统的稳定，得出以下启示。一是当面临较大的外部冲击时，适度宽松的货币政策为银行业提供了稳定的外部环境，同时较高的银行集中度有助于提升抗冲击能力；二是为防范"监管宽容"问题，应提高金融机构的违规成本，从严限制从业人员流动；三是化解金融风险需要在相对宽松的货币政策环境中实施，防范因为"拆解"风险而产生的次生风险。

第 2 节
美国次贷危机与欧洲主权债务危机的应对经验与启示

过去二十年,中国地方政府融资平台发展迅速,尤其是2008年国际金融危机以来,各级政府为了刺激经济发展,通过地方政府融资平台进行大量融资,对地方经济建设起到了一定的促进作用,但同时也加大了地方政府的债务风险,带来一系列的问题。

本节介绍美国次贷危机与欧洲主权债务危机产生的原因与应对经验,并分析其对中国地方政府融资平台发展的启示。

◇ 美国次贷危机产生的原因

对于美国次贷危机产生的根本原因,目前争议较大,没有形成统一的意见,其中主流观点有以下四种。

第一种观点:美国次贷危机主要是由美联储过分宽松的货币政策、单一的金融机构以及美国房地产市场繁荣造成的。沈建光、肖红[1]将次贷危机与历史上众多的经济和金融危机进行详细的对比,发现它们的相似之处在于危机发生前的繁荣增强了市场的风险偏好,监管当局不恰当的管制放松使信贷过度扩张,形成资产泡沫并在金融系统中累积了大量风险。彭兴韵、吴洁[2]认为国内金融改革与发展、金融机构风险管理、技术和金融产品的创新只能依靠国内金融机构自己的创造,没有任何一个大的国

---

[1] 沈建光,肖红. 次贷危机与主要金融危机比较[J]. 金融研究,2008,(12):10-21.
[2] 彭兴韵,吴洁. 从次贷危机到全球金融危机的演变与扩散[J]. 经济学动态,2009,(2):52-60.

际"先进"机构的风险管理方法、技术是真正值得我们模仿的。

第二种观点：在金融监管缺位的情况下过分发展金融衍生产品创新导致美国次贷危机。彭兴韵、吴洁认为次贷危机归根结底是自由市场竞争体制的危机。过分的市场化可能对金融安全造成伤害，应当处理好市场与政府之间，或者说无形的手与有形的手之间的关系。因此，他们得出结论：应该更加慎重地对待金融创新，加强金融创新风险管理，尤其是金融产品的创新不能过于脱离实体经济的运行，防止金融机构为了短期利益，通过复杂的产品来掩盖无法消失的金融风险。只有在政府进行宏观引导、风险及时得到消解的情况下，市场机制才能够较好地服务于社会与经济的发展。

第三种观点：过高的债务比率导致金融危机。彭兴韵、吴洁提出政府应当高度关注国民债务比率的变化。过去的数次大大小小的金融危机，无论是家庭部门、企业部门，还是一个国家的对外债务，过高的债务负担率总会造成金融危机。过高的债务负担率会使借款者的资产负债表对利率和现金流的变动极为敏感，一旦出现了不利的冲击，各个部门的债务就会迅速地转化为金融部门或金融资产持有者的不良资产，并进而引发系统性的金融危机。对此，张明、付立春[1]提出，所有金融机构通过出售风险资产来完成去杠杆化，导致金融市场上出现持续的流动性短缺、信贷紧缩、股票市场大跌与国际短期资本流动逆转。因此，他们得出结论：次贷危机通过各种渠道对消费、投资与出口造成冲击，最终影响实体经济增长。危机通过贸易与资本流动渠道由美国传递至全球其他国家。

第四种观点：风险控制和监管缺位纵容了金融危机的发生。沈建光、肖红提出泡沫破灭引起金融危机，并伴随着经济衰退。次贷危机的独特之处在于它是在银行系统看似健康的初始状态下爆发的，直接

---

[1] 张明，付立春. 次贷危机的扩散传导机制研究[J]. 世界经济，2009，（8）：14-28.

导火索是金融衍生品价格的暴跌。从政策反应来看，美国当局的救助措施及时性不如瑞典和芬兰当局在20世纪90年代的表现，但仍好于大萧条时期的表现和20世纪90年代日本当局对银行危机的应对。从历史经验看，政府救市对挽救金融危机意义重大，救市时机和购买资产的定价是影响救市效果和救市成本的关键。而彭兴韵、吴洁则认为监管者应当及时地评估金融创新的潜在风险，要更加慎重地对待金融创新，加强风险管理。金融创新，尤其是金融产品的创新不能过于脱离实体经济的运行，防止金融机构为了短期利益，通过产品的复杂性来掩盖无法消失的金融风险，更要防止金融产品的创新将风险传递的链条不断延长，扩大金融风险一旦暴露后的传播范围，增强其破坏力。

◇ 美国次贷危机的应对经验

次贷危机引起了国际金融危机，使得全球经济陷入低迷，而次贷危机给美国带来的影响更为深远，至今美国经济都没有走出危机。美国应对次贷危机的经验以及带给我们的启示主要有以下几点。

第一，摒弃传统的机构分类。葛奇[1]认为应根据机构功能划分进行监管。"房贷—评级—卖出"是一个风险转移的过程，由于风险从商业银行体系转移到了投资银行，则不再受到传统的商业银行监管机构的监管，而美国次贷危机告诉人们，需要开始对投资银行进行监管。但投资银行之后可能会将风险再次转移，到时我们又要在应对新的金融危机时调整监管理念。因此，对金融活动的监管，需要从系统性风险的高度出发，紧盯风险，无论风险转移到哪里，无论风险承担者是商业银行、投资银行还是SPV，都须加以监管。在保护储户利益原则不变的前提下，可以通过按不同杠杆率、不同期限资金来源的划分，以资本充足率为调

---

[1] 葛奇. 次贷危机的成因、影响及对金融监管的启示[J]. 国际金融研究，2008，(11)：12-17.

节工具，制定不同的监管原则。比如，对于金融杠杆率较高的机构，通过短期资金支持长期资产的金融机构实施严格的监管，同时提高对其资本充足率的要求，而对于养老金等拥有长期资金来源的机构，减免资本金要求。总之，监管的原则就是将资本金与机构的偿付能力挂钩。

第二，更新巴塞尔协议，加强对金融机构的监管。葛奇提出对于巴塞尔新协议亲周期的问题，可以通过修改目前的巴塞尔新协议，加强亲周期预警来解决。当然，准确预测经济周期非常困难，但是上行周期基本上都伴随着资产价格的上涨，因此随着资产价格的上涨，资本要求也随之提高，可解决上行周期的亲周期问题，反之亦然。资产价格处于下降通道时，巴塞尔协议可适当调减银行的资本要求，以实现逆周期变化。另外还有一种可行的办法，即在上行周期里要求银行预提亲周期拨备，以应对下行周期的不利局面。

第三，在发展过程中要处理好储蓄与投资之间的关系。彭兴韵、吴洁认为美国居民部门债务负担率不断上升的反面，是它的储蓄率不断下降，这在微观上使得美国居民部门的偿债能力非常脆弱，在宏观上增加了美国的贸易逆差，加剧了全球经济失衡，进而加快了危机的全球性扩散及加重了全球性影响。与美国相反的是，改革开放以来，中国的储蓄率和投资率都在不断地上升，基于不断上升的投资率才维持了较高的经济增长率，这在一定程度上反映了技术进步对中国经济增长的贡献有待提升，这种增长方式所带来的诸多问题已引起了广泛的关注。但是，储蓄率过低同样会给金融安全造成不利的影响。

2008年8月，由于担心次贷危机引起信贷紧缩和市场流动性短缺，美联储开始联合其他中央银行向市场注入流动性。美联储提供流动性的方法主要有以下三种：公开市场操作；贴现贷款政策；扩大金融机构从美联储获取流动性的资产类别。

公开市场操作一般情况下是中央银行吞吐基础货币、调节市场流动性的主要货币政策工具，通过中央银行与指定交易商进行有价证券和外汇交易，实现货币政策调控目标。再贴现政策就是美联储通过调整再贴现率来影响金融机构从美联储获取资金的成本。早在2007年8月中旬，美联储就将再贴现率下调了50个基点，从原来的6.25%下调到了5.75%。从2007年9月开始，美联储不断同时降低联邦基金利率和再贴现率，以刺激信贷市场的借贷活动。到2008年10月29日，联邦基金利率下调到了1%，再贴现利率下降到了1.25%。

美联储在应对本次次贷危机中还开发了一些新的金融工具，以更好地向社会注入流动性，如短期标售工具、定期证券借贷工具、一级交易商信贷工具。短期标售工具是美联储通过拍卖机制定期主动向存款性金融机构提供流动性的机制创新，自2007年12月首次推出以来，每月进行两次，每次拍卖的贷款金额从最初的20亿美元到2008年1月的每次300亿美元，再到3月的每次500亿美元，直至5月的每次750亿美元，力度不断增加。定期证券借贷工具也是通过拍卖机制提供流动性，只不过这一工具针对的是范围更广的一级交易商，美联储并不直接提供贷款，而是用自身优质的高流动性债券交换金融机构难以流通的抵押证券，这种交换性质的好处是不仅能够进一步激活抵押市场的自发交易，而且没有对货币供应产生影响，无须公开市场操作的对冲。一级交易商信贷工具的交易对象也是一级交易商，这个货币政策工具与针对存款性金融机构的贴现贷款政策非常类似，一级交易商可以直接从美联储获得短期贷款。

美国政府在采取一系列措施之后，发现仍然没有取得满意的效果。2008年7月13日，美国财政部和美联储宣布救助房利美和房地美，承诺必要情况下购入两公司股份，9月8日，美国财政部宣布美国联邦住房金融管理局接管两房公司，在注资后获得房利美和房地美79.9%的股份。9月中旬，美国又向陷入破产边缘的美国国际集团(AIG)提供850亿美元紧急贷款，同样获得其79.9%的股权。随后，布什政府更是提交了一份涉及金额高达7000亿美元的救市计划，并于10月初得到了参众两院的批准，用于收购相关金融机构的不良资产。

总体来说，美国次贷危机的爆发是一个复杂的、综合性过程，并非单一因素导致，既有投资者的过分预期，也有监管者的放纵，在解决危机的过程中，虽然采取了一系列的有关措施，但是效果并不是十分显著，美国经济至今没有走出危机影响。

◇ 欧洲主权债务危机产生的原因

欧洲主权债务危机不同于次贷危机，其货币的发行非主权国家控制。对于欧洲主权债务危机，学界目前公认的原因主要有三个。

第一，危机国家自身的问题。根本原因是缺失"生产性"。就欧盟而言，随着全球制造业逐步向新兴市场国家转移，欧元区的制造业在全球化中渐渐失去了市场，非高科技产品处于价格劣势，市场不断被挤压。由于科技水平很难在短期内提升，而币值又要保持稳定，不能以高科技产品占领市场的国家就无法享受贬值带来的益处。就危机国家自身原因而言，首先是经济结构僵化，普遍缺乏活力。其次，危机国家面临着高福利社会体制和人口老龄化的双重挑战，财政支出庞大，政府日益不堪重负[1]。陆静等[2]研究了欧债危机的传导路径和传染效应，认为欧洲主权债券市场大多存在债务风险传染效应，欧债危机爆发后，不局限在一个区域传染，危机还可能通过网状交叉传染形式波及其他看似毫无关联的国家。

第二，欧元区的体制问题。欧元是超主权货币，欧元区各国没有独立的货币政策，一切货币政策统一由欧洲中央银行制定，因此各国对自己的利率没有自主权，对汇率没有调控能力。一国往往通过本身的通货

---

[1] 周茂荣，杨继梅. "欧猪五国"主权债务危机及欧元发展前景[J]. 国际金融，2010，(11)：20-24.
[2] 陆静，胡晓红，阮小飞. 欧债危机的传导路径和传染效应研究[J]. 统计与决策，2013，(17)：147-150.

膨胀和汇率下调来无形地削减债务压力，如美国，但欧元区各国无法做到。僵硬的欧元区制度，仅以通货膨胀作为货币政策的唯一目标，本身就具有很强的不合理性。欧洲各国的差异化国情没有得到充分考虑，财政政策与僵硬的货币政策存在矛盾，而其他方面的政策缺乏磨合与一致性，监管也不够严格。就欧元区的体制问题而言：一是欧元区财政政策与货币政策的二元结构成为此次债务危机爆发的制度性根源；二是针对成员国不遵守财政纪律的情况，欧盟缺乏一套切实有效的监督和检查机制。卜永光、庞中英[1]认为欧洲主权债务危机是在国际金融危机背景下多种因素共同作用的结果，其中，欧元区的制度缺陷是危机发生和久拖不决的重要根源。欧债危机爆发以来，欧盟以加强财政纪律为目的，在现行框架内进行了制度改革，通过继续深化地区一体化实现更紧密的财政联盟是从源头上解决危机的关键。然而，在欧洲货币联盟内在的政治经济逻辑支配下，欧元区的制度缺陷短期内难以得到根本解决。何帆[2]认为主权债务危机在欧洲爆发的原因是欧盟对财政纪律的监督机制形同虚设。尽管《稳定与增长公约》对各成员国的财政健康状况进行了严格的规定，但是，由于缺乏有效的监督和检查机制，这样的规定形同虚设。陆静等[3]研究了欧债危机的传导路径和传染效应。他们认为欧债危机爆发后，欧洲国家的市场格局有了一定的变化。一些国家的债券市场相关性增强，产生了新的传导路径，并且国家之间往往存在交叉传染现象，加重了危机传染的复杂性。

第三，外部冲击导致危机。就外部冲击而言，一是全球性金融危机激化了欧元区国家的债务问题，二是高盛等跨国银行的投机行为和信用评级机构的恶意炒作在危机中扮演了十分重要的角色。

---

[1] 卜永光，庞中英. 从主权债务危机看欧元区制度的缺陷与变革[J]. 现代国际关系，2012，(9)：15-22.
[2] 何帆. 欧洲主权债务危机与美国债务风险的比较分析[J]. 欧洲研究，2010，(94)：17-25.
[3] 陆静，胡晓红，阮小飞. 欧债危机的传导路径和传染效应研究[J]. 统计与决策，2013，(17)：147-150.

◇ 欧洲主权债务危机的应对经验

伴随着欧洲市场一体化程度的不断加深，制度层面统合滞后的矛盾日益凸显，欧元区政策部门试图依赖单一的货币工具实现价格金融市场与财政状况稳定等多个目标的想法是不切实际的。危机将迫使各成员国在两条方向迥异的道路中做出艰难的选择——要么放弃部分国内政策主权，进一步提升和完善欧盟内的超主权制度体系，要么退出联盟，终止乃至逆转欧洲一体化进程[①]。

由于欧盟实现了经济一体化却没有实现政治一体化，各国丧失了货币政策，却掌握着财政政策，这就使得解决欧洲主权债务危机变得非常困难，各国为了自身的利益，无法达成一致。目前学界公认的应对欧洲主权债务危机的方式有以下两种。

第一，在金融领域，为与早已深度整合的市场相协调，必须尽快推动建立基于欧元区层面的统一金融监管与金融救助机构。明确跨区经营金融机构的监督责任，设定系统重要性机构的筛选标准，确立资本注入与救助的时机、规则、退出条件以及相应的惩罚措施，避免因短期救助成本、收益的不对称性所产生的金融机构的非必要性崩溃，以及由此带来的系统性风险在区域内的扩散。联盟内统一的政策机构将负责补充金融系统内公共产品的供给，从根本上维护系统的长期稳定运营。

第二，在财政领域，认识到各成员国财政融资的外部性与公共池问题，财政资源的收集与配给必须走向整合。要克服财政"三元冲突"的不稳定性，欧元区必须建立仅向欧洲议会负责的独立财政协调机制，其核心职责是根据成员国的经济实际，在区域内统筹协调联盟辖下的财政、税收与收入政策，也就是说，从欧元区整体福利而非某一成员国的

[①] 刘程，佟家栋. 欧洲主权债务与金融系统危机——基于"新三元冲突"视角的研究 [J]. 欧洲研究，2011，(6)：1-25.

角度配置区内财政资源。这一制度的建立，不仅能从根本上消除公共池问题产生的诱因，还能提升财政资源在区内的使用效率，从而提高欧元区整体的竞争力与福利水平。

综合来看，欧洲主权债务危机主要是由财政政策与货币政策的不对称所导致的，各成员国政府发生道德风险，大量借债来提升本国福利水平，这种欧元区的松散关系难以为继。

◇ 中国地方政府债务的历史发展

地方政府债务是指地方政府（含政府部门和机构）、经费补助事业单位、公用事业单位、政府融资平台公司等因公益性项目建设直接借入、拖欠或提供担保、回购等信用支持而形成的债务。其主要包括两部分——行政机关事业单位的债务和融资平台公司公益性项目债务。而融资平台公司债务又主要有以下几类：一是融资平台公司因承担公益性项目建设运营举借，主要依靠财政性资金偿还的债务；二是融资平台公司因承担公益性项目建设运营举借，项目自身有稳定经营性收入并主要依靠自身收益偿还的债务；三是融资平台公司因承担非公益性项目建设运营举借的债务。

中国地方融资平台债务产生的一个重要诱发因素是1994年的分税制改革。分税制改革在中央政府与地方政府之间进行了事权与财权的重新划分，使中央获得更大的财源。按照分税制改革方案，中央将税收体制变为生产性的税收体制，通过征收增值税，将75%的增值税收归中央，地方获得25%的收益。分税制在增强中央财政能力的同时，导致地方政府的财权和事权的不对称。地方政府需要满足GDP增长需要和基建需要，但财政收入支撑不足，因此产生了地方政府的举债需求。地方政府没有发债资格，除了向银行贷款之外，只能通过建立地方政府融资平台的方式，将政府资产包括土地、水务、燃气等注入融资平台，建立城投公司，以资产收入作为偿债资金发行城投债。

此前一段时间,城投债存在规模增长过快的风险。国际金融危机爆发后,为了实现"保增长"的目标,许多地方政府过度依靠银行资金搞建设,负债规模扩大,一些地方的债务率超过了风险控制警戒范围。有些地方政府甚至借国家信贷宽松机会加强地方融资平台建设,而这些融资平台过度负债现象已较为严重。城投债是地方政府的一种隐性债务,最终还是要由地方政府负直接或间接的偿债责任。城投债增长过快,超过政府的支付能力,可能引起地方政府的偿付问题。美国次贷危机和欧洲主权债务危机中都有地方政府债务的身影。因此,本节将结合美国次贷危机和欧洲主权债务危机,分析中国当前地方融资平台发展的问题,并总结归纳出中国发展地方债务融资平台可借鉴的经验和教训。

◇ 中国地方融资平台债务发展现状——以城投债为例

城投债是通过地方政府设立的城投类企业为融资平台进行融资的债券,它有别于真正意义上的企业债,发行人主要承担地方政府的相关职能并享受相关的优惠政策,基本不会根据利润最大化的原则自主经营、自负盈亏。而城投类企业是根据当地政府决策进行基础设施和公用事业建设、融资、运营的企业,是经营和管理国有资产的主体,担当国有资产保值增值的责任,是实施城市基础设施及市政公用项目的投融资平台。

我国的城投债最接近于国外的市政债。市政债最早产生于美国,是当时美国的州及市镇政府为了筹集市政建设所需资金而发行的债券。城投债一般被认为是"准市政债",即城投债既具有企业债的部分性质,又具有市政债券的性质。城投债与工业化进程的资金需求,与分税制、主银行制并存。从城投债的发行主体地方融资平台来看,地方政府是地方融资平台的隐性担保人,地方融资平台主要经营业务呈现规模经济效应,具有自然垄断性质。这些特征反映了城投债不同于一般债券的特殊性。

◇ **城投债的运行机制**

城投债作为一种特殊的企业债，其既有企业债的一般特性，也有其独有的特点。从城投债的运行机制来看，其运行可以分为三个阶段：第一个阶段是地方融资平台获得发行资格，在这个过程中地方政府、地方融资平台、中介机构、监管机构各自充当的角色分别是间接的发行申请者、直接的发行申请者、评级审计法务担保以及审核批复；第二个阶段是城投债发行阶段，在这个过程中地方融资平台、金融中介机构、投资者分别承担的角色为资金的需求者、发行承销交易平台、资金供给者；第三个阶段是合约履行阶段，在这个阶段地方融资平台（或所属公司）向政府交接完成的基础设施，地方政府按照事先承诺的条件向地方融资平台注入资金以及其他财政补贴，地方融资平台按照债券募集说明书制定的条款支付投资人利息和本金，监管机构分别履行各自监管职责，确保城投债处于良好的运行状态。

◇ **城投债的发行数量及金额**

我国城投债的发展大致可以分为三个阶段（涂德君，2010）。以1993年4月15日上海市城市建设投资开发总公司发行的5亿元建设债券为标志到2005年为起步阶段，这一时期城投类企业债券发行数量较少，发行规模也较小。2005年地方企业债券发行，城投债进入温和发展阶段，一直到2008年，无论是发行数量还是规模都有所上升，但仍较有限，四年总共发行债券面额1585亿元。到2009年城投债进入高速发展阶段，2009年全年共发行城投类企业债133只，发行金额2194.3亿元。2022年，城投债存量超过13万亿元，存续债券超过18000只。

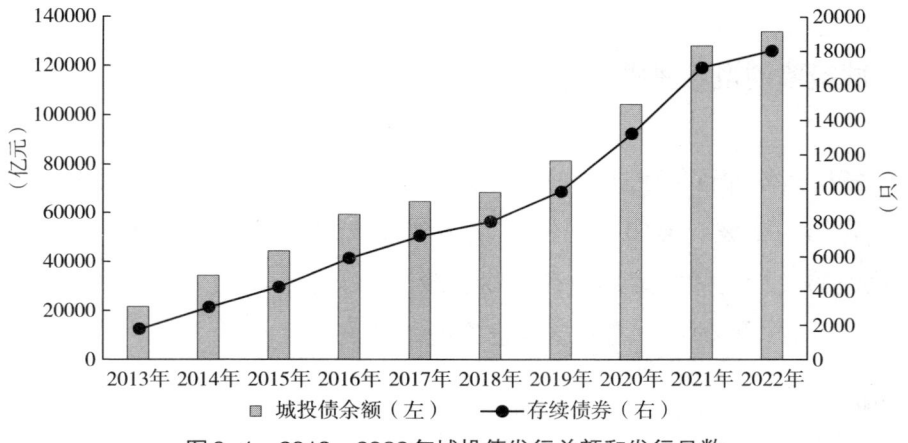

中篇　中国金融发展的溢出效应
第 6 章　如何应对经济金融风险

图 6-1　2013—2022 年城投债发行总额和发行只数

◇ 城投债的信用评级分布

城投债发行主体的信用评级一般不高，AAA 级发债主体较少，AA 级及 AA 级以下的占大多数，其主要原因在于一般城投公司的收入结构比较单一，政府财政补贴是公司利润的主要来源，盈利能力较差。城投债的债项信用评级主要是 AA 级和 AA+ 级，其次是 AAA 级。图 6-2 展示了 2013—2022 年城投债的信用评级分布。

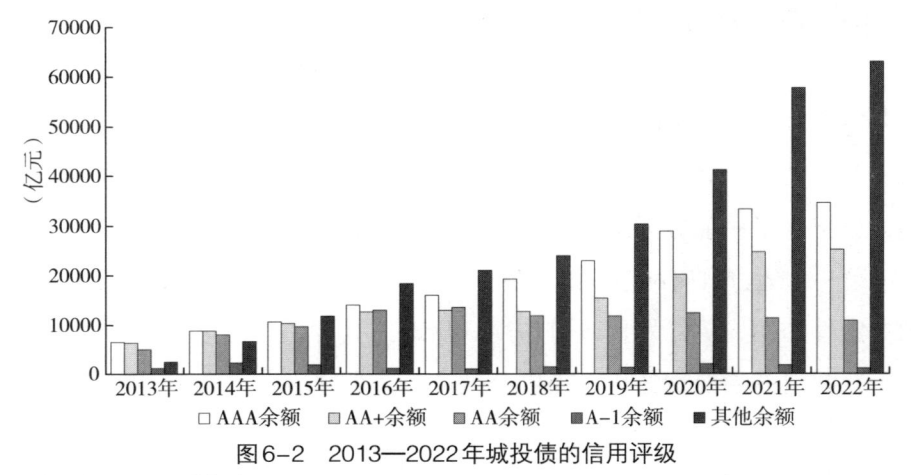

图 6-2　2013—2022 年城投债的信用评级

数据来源：Wind 数据库。

131

◇ 城投债的发行主体分布

城投债的发行集中在几个经济发达地区，省会城市、计划单列市（大连、青岛、宁波、厦门、深圳）、地级市是城投债的发行主体。按省份，城投债的发行主体主要集中在江苏、浙江、山东、四川等经济发达地区。目前，各省、直辖市、自治区均已发行了城投债。

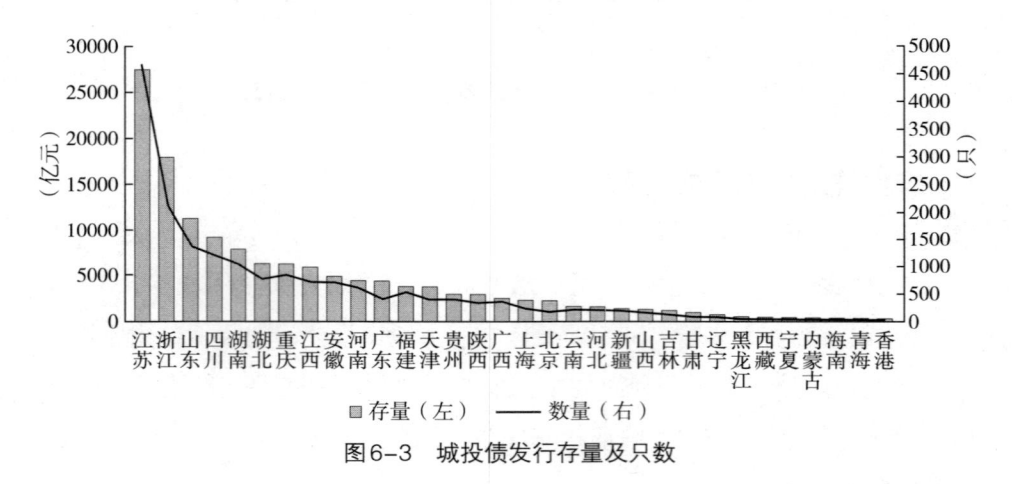

图6-3 城投债发行存量及只数

◇ 中国地方融资平台发展问题

过去若干年，中国地方政府为了加快发展地方经济，大力发展地方融资平台。在发展的过程中，各地方采取的准入标准和融资的规模都不相同，也出现了一部分问题。

第一，地方政府和市场的边界不清晰[①]。应充分发挥市场在资源配置中的决定性作用，更好发挥政府作用。从理论上讲，在社会主义市场经济条件下，政府的主要责任在于提供公共产品和公共服务，企业是市场经济活

---

① 蔡玉.地方政府性债务现状、成因及对策［J］.财经研究，2011，(9)：5-7.

动的主体。但现实中存在一些政府行为企业化的现象，政府和市场的边界不够清晰。

此外，某些地方政府还没树牢正确的政绩观，超越经济发展阶段，超前发展、超前建设，大搞政绩工程、形象工程。在现阶段财力状况有限的情况下，有的地方政府采取各种方式融资举债。地方政府融资平台风险意识不强，负债情况不容乐观[1]。政府投融资平台面临的信用风险隐蔽性较强，政府债务结构分散、透明度差，商业银行不能有效评估其偿债能力和信用风险，风险防控体系不健全，加之政策性银行、商业银行和其他金融机构对政府投融资平台多头授信，城市投融资公司多头借贷，容易导致重复融资和过度融资现象。

第二，金融监管制度不完善。2015年之前，按照《中华人民共和国预算法》和《中华人民共和国担保法》的有关规定，地方政府不得发行债券，国家机关也不得为经济主体提供融资担保。如果严格按照上述规定执行，地方政府难以从银行和有关金融机构融资举债。因此地方政府采取变通方式，组建各种融资平台公司，向银行或金融机构融资举债。由于融资平台公司由政府部门直接或间接担保，银行和金融机构往往放松审查标准，积极配合地方政府，采取打包贷款的方式，为融资平台公司提供资金。因此，金融监管不严客观上为地方政府举债提供了方便。王晓曦[2]认为地方政府对政府融资平台债务如何承担责任并没有明确的法律界定，通常情况下，为了保证贷款安全，银行会要求地方政府出具政府保证还款的承诺函。但是，从法律意义上分析，这种承诺函并不具备法律效力。《中华人民共和国担保法》明确规定，除经国务院批准为使用外国政府或者国际经济组织贷款进行转贷的以外，国家机关不得为保证人。2015年1月1日，新修订的《中华人民共和国预算法》生效后，地方

---

[1] 陈杉. 地方政府投融资平台规范发展的政策建议[J]. 财经研究, 2011, (5): 11-13.
[2] 王晓曦. 我国政府融资平台的政策缺陷和风险机制研究[J]. 财政研究, 2010, (6): 59-61.

政府举债只能发行政府债券，不得以其他方式举债。

第三，地方财力和事权不完全匹配。近年来，为促进社会和谐，国家出台了一系列民生政策，公共产品和公共服务的范围不断扩大，教育、医疗、社保等标准不断提高，财政刚性支出大幅增加。由于我国特殊的行政管理体制，中央和地方政府的事权范围很不明确，支出责任也就无法划分清楚，上述支出究竟应该是中央财政的责任还是地方财政的责任，也就模糊不清，只能采取中央和地方财政共同承担的办法。尽管中央按照经济发展水平，对经济困难地区给予了很大倾斜，但由于这些地区先天不足，财力增长速度还是无法满足民生政策的需求，只能举债落实。此外，为应对国际金融危机，国家出台了一系列保增长的政策，为落实这些政策，地方政府也举借了大量的债务。陈杉认为运行机制不力，发展难以持续。一方面，融资渠道单一，集中来源于银行贷款，由于缺乏其他持续融资渠道，导致风险集中度较高；另一方面，偿债机制单一，最终还款资金来源高度依赖政府补贴和土地出让收益。此外，部分投融资平台未实行公司治理，没有按照市场化原则进行商业化运作。投融资专业性人才缺乏、政企不分、风险控制管理制度缺失，也增加了风险产生的可能性。

第四，推进有关改革付出的成本由地方政府承担。例如，为顺利推进国有企业改革，减轻国有企业的负担，地方政府承担了部分应由地方国有企业承担的债务；为了推进地方国有企业改组、改制，地方政府也承担了一定的地方国有企业的债务。再比如，为实现义务教育发展的目标、农村义务教育达标，有的地方政府举借了大量的债务。

吴俊培、李淼淼[1]提出我国自1994年以来实行分税制财政体制，这个体制纵向平衡和横向协调的能力很弱，加剧了地区经济发展的不平衡。我国的财政体制缺乏合理的地方税体系基础，地方财政的收入增长主要靠增值税和企业所得税。因此，地方要迅速增加财政收入就必须增加投资。我

---

[1] 吴俊培，李淼淼.中国地方债务风险及防范研究——基于对中西部地方债务的调研[J].财政研究，2013，(6)：25-30.

国地方政府无权举债，但实行积极的财政政策以来，中央可代地方政府发债，显然这受中央政府的控制，规模受到严格限制。地方要突破这种限制就必须利用市场化的融资平台筹资。此前多年，我国的财政体制以分税制为基础，税制不合理就不可能建立起合理的财政体制。我国税制中缺乏地方税体系，这样就难以建立以中性为原则的预算体制。在这样的税制下，地方的债务风险表现为地方之间的投资竞争，地方之间的投资竞争表现为地方之间的税收竞争，地方之间的税收竞争表现为"土地"级差收益让渡的竞争。这类竞争会增加地方的债务风险。

第五，债务管理制度不健全。蔡玉认为地方政府性债务缺乏制度性规范，长期处于"底数不清、多头举债、管理失控"的状态。首先，多头举债，责任不清：国家审计署的审计结果表明，地方政府性债务主体繁多，既有地方政府设立的融资平台，又有交通等行政管理部门，还有学校等事业单位。其次，债务管理不规范：地方政府性债务管理主体各自为政，举债规模、债务用途等缺乏统一规划，也未纳入地方政府财政预算，脱离监管。最后，缺乏风险预警和偿债机制：地方政府性债务缺乏统一的管理主体，也没有建立相应的债务风险评价体系。

政府融资平台行政色彩浓厚，法人治理结构不健全，市场化经营能力弱，经营活动完全听命于地方政府，资金筹集和支配权力始终集中在政府主管部门手中。当前，为了地方经济发展，地方政府普遍存在过度举债的冲动，而且实行任期制的地方政府在信贷资金的使用和归还上脱节。"前任用钱，后任还债"，缺乏统一规范的制度约束。政府过多介入政府融资平台运作，表现上是企业直接向银行借款，实质上是政府通过企业间接向银行借款，最终导致政府融资平台实质上成为政府规避法律进行融资的载体。

从根本上看，我国地方债务形成的根本原因是地方政府官员的锦标赛模式的晋升机制，由于地区生产总值多年来被用作政绩考核的主要指标，地方官员习惯于对上负责，提升地区生产总值的途径当中最为有效的是投资，政府投资作为有效的可控的投资方式，一直被地方政府官员作为提升政绩的一种有效手段。因此，地方官员锦标赛式晋升模式是地方债务产生的一大源泉。

◇ **地方融资平台债务问题解决途径**

借鉴在美国次贷危机和欧洲主权债务危机中各国政府采取的措施，结合我国地方债务平台所面临的问题，主要提出以下解决途径。

第一，认识处理市场与政府的关系，妥善处理市场经济自动调节与政府宏观调控的关系。市场主体分散决策且信息有限[1]，微观主体的行为汇聚到宏观层面，可能产生个体理性导致集体不理性，因此，"救市"不能完全依靠市场手段，现代市场经济中的资源配置，既要充分发挥市场的作用，又要充分发挥政府的作用，把二者内在地、有机地结合起来。应在充分发挥市场配置资源的决定性作用的同时，更好地发挥政府的作用，防止财富的流失和损失，重视财政政策的作用。但与此同时，要明确界定政府和市场、中央和地方的事权范围，有效遏制地方政府盲目投资的冲动。深化行政管理体制改革，明确划分政府和市场的边界范围，让地方政府的职能回归到提供公共产品和公共服务上来，让企业成为发展经济的主体，变无限政府为有限政府。

在明确政府和市场边界的基础上，进一步明确中央和地方政府的职责范围，根据中央和地方政府各自的职责范围，按照事权和财权相匹配的原则深化财政体制改革，为地方政府履行职能提供财力保障。完善对地方政府的政绩考核机制，改变以GDP为中心的考核办法，防止地方政府盲目发展、盲目投资，有效遏制地方政府投资冲动。此外，还要注重货币政策操作的稳健与审慎。首先，坚守货币政策的目标。各国政府为了

---

[1] 吴念鲁，杨海平.从次贷危机到华尔街风暴：微观机理、制度根源、应对策略[J].经济学动态，2009，（2）：44-51.

争取民意、赢得选票，倾向于使货币政策为经济发展服务，除非通货膨胀达到难以容忍的程度，一般都倾向于执行宽松的政策，这使得货币政策和货币当局的独立性难以得到保证，宽松的货币环境是资产泡沫的根本诱因，而资产泡沫对经济金融稳定是最严重的威胁。以制造泡沫推动虚假繁荣更是不可取的。其次，把握货币政策的节奏。进一步研究货币政策的时滞，把握好货币政策的节奏，避免货币政策引起经济波动。

第二，妥善处理实体经济与虚拟经济的关系。应正确认识金融创新对经济发展的促进作用，同时认识到某些金融创新会带来负面影响，因此必须妥善处理金融创新与监管的关系。要加强和完善监管和预警系统的建设，防范危机的扩散和造成更严重的损失，建立起完善的监管和防范机制。由于金融创新主要集中在资本市场上，特别是对虚拟经济的拉动作用比较突出，因此，应客观评价虚拟经济的作用，既要认识到虚拟经济能够提高金融机构运作效率，提高各国金融市场间信息传递效率，具有价格反应能力，以及提高"储蓄－投资"转化效率的积极作用，也要认识到虚拟经济过度发展对金融稳定的负面影响。因此，要着力发展实体经济，并根据实体经济的发展状况积极发展虚拟经济，使二者相互适应、相互促进，不能相互脱节。

第三，实行地方政府债务规模控制与风险预警。一方面，中央政府应对地方政府债务规模进行控制，积极借鉴国际经验，建立负债率、债务率、新增债务率、担保债务比重、偿债率、利息支出率、资产负债率和债务依存度等指标，从需求上严格控制债务规模[1]；另一方面，中央政府要建立地方政府债务风险预警体系，借鉴其他国家的成功经验，建立自主的风险预警系统，及时识别与评估债务风险，对超过警告标准的债务状况采取措施加以纠正。建立健全政府债务风险预警机制，积极化解地方政府性债务风险[2]：一是应参考国际上债务管理的经验，结合各地的实

---

[1] 谢世清.从欧债危机看"中国式主权债务危机"[J].亚太经济，2011，(5)：21-25.
[2] 蔡玉.地方政府性债务现状、成因及对策[J].财经研究，2011，(9)：5-7.

际情况，建立债务风险监督预警机制，对地方政府性债务实行动态管理；二是建立偿债准备金制度，根据地方政府性债务规模和年度偿还计划，建立偿债准备金，并将其纳入本级财政预算的范畴，逐步化解地方政府性债务风险。

第四，建立地方政府债务偿还保障机制。谢世清[1]认为地方政府应统筹安排本级政府的财政收支，制订合理的债务还本付息计划，并加强该计划的日常监督运作。此外，为了确保债务本息的按时偿付，地方政府还应建立专门的偿债基金，其资金除了用作债务偿还外，不得挪为他用。为保证偿债基金的资金来源的可持续性，地方政府还要合理规划多方资金渠道，如按一定比例拨付地方税收、土地出让金、项目投资收益等转入偿债基金。

我国应该尽快出台关于地方政府设立融资平台的法规制度[2]，按照现代企业制度要求，落实政府融资平台的投资人地位，完善法人治理结构，使之成为独立行使民事权利和承担经营风险的市场主体。具体而言，包括增加对平台公司的注资，或者通过改制重组、授权经营、特许经营等方式，注入经营性或易变现的优质资产，壮大政府融资平台实力，真正增加授信额度。同时，地方政府及平台公司要积极配合银行明确相关债务抵押权和质押权，必要时重新签订合同，让担保落到实处。

第五，对地方政府投融资平台进行分类管理、监管。谢世清认为应对不同地区的投融资平台加以分类，区别对待不同投资取向与运行状况的投融资平台。从项目性质上说，对于投资公益性项目的投融资平台，地方政府应给予还款支持，而对于投资营利性和公益性之间项目的投融资平台，地方政府不应进入。从运行状况看，对于运行良好的投融资平台，可以允许其采取市场化融资手段，否则应纳入风险管理的范围。应加大

---

[1] 谢世清.主权信用违约互换的运作及启示［J］.国际金融研究，2011，(3)：83-88.
[2] 王晓曦.我国政府融资平台的政策缺陷和风险机制研究［J］.财政研究，2010，(6)：59-61.

金融监管的力度，堵住地方政府举债的源头：首先，按照国务院和有关部门的部署，抓紧清理规范地方各类融资平台公司，完善治理结构，实现商业化运作；其次，坚决杜绝地方政府违规担保行为，严格执行现行相关法律、法规的有关规定，对地方政府和相关组成部门违规担保融资的，要坚决纠正和严肃处理；最后，切实加强信贷管理，严肃金融监管秩序，各级金融监管机构，要切实加强信贷管理，按照信贷管理的原则、程序和标准审核发放贷款，对不符合金融管理相关规定的经济主体，不得变相发放贷款，严肃处理违规发放贷款的行为。

在强化政府融资平台监管方面，政府应发挥出资人作用，加强对政府融资平台的监管，由财政部门、审计部门或者委托中介机构对政府债务资金的使用进行专项审计，对项目的社会经济效益、债务偿还能力等进行全面绩效评价，将债务管理纳入领导干部任期经济责任审计范围。同时，各家银行应加强对项目本身的了解，严格执行项目资本金制度，密切跟踪贷款资金去向，防止贷款资金被挪用。我国地方政府债务构成复杂，各类隐性债务与或有债务大量存在。

当前，要引导各类政府债务显性化，建立和完善由政府统一领导、财政部门归口管理、有关部门相互配合的政府债务管理体制。要明确政府债务范围和统计口径，正确计算政府债务率、偿债率等预警指标，如地方政府债务率要控制在100%、偿债率要控制在15%以内，同时根据债务规模提取5%的偿债基金，而且每年保持增长，防止政府融资平台债务风险演变成地方政府财政风险。曹红辉[①]则认为要动态评估地方政府的合理负债规模和系统风险，正确估计财政还款能力和信用风险，增强地方财政和负债信息的透明度和可靠性。

第六，完善地方绩效衡量指标。中央政府应加强地方政府的债务责任意识，完善地方政府官员主要绩效考核方式。其中应考虑将地方政府债务

---

① 曹红辉.地方融资平台：风险成因与治理［J］.财政研究，2010，(10)：56-58.

的还债能力作为一项考核指标，积极推动地方政府减债。此外，还应采取措施确保地方政府将这一举措付诸实施，违反规定时也应有相应的惩罚机制。在地方政府官员政绩考核过程中加入地方债务这一指标，向地方政府官员表明地方债务不再被容忍。这样在锦标赛模式的竞争过程中，地方官员能够更好地把握地方债务规模，加杠杆的速率将会大大降低。融资平台的债务也将逐步化解。

第七，改革"土地财政"的状况。谢世清认为应积极改变目前地方政府放大和夸大"土地财政"、土地资源得不到充分利用的状况，应严格执行土地出让收入全额纳入预算管理的规定，将由地方政府分成的土地出让金的收支纳入地方财政预算。同时中央政府应考虑扩大地方政府税源，增加地方税收收入。此外中央政府还可以增大对地方政府的转移支付，改变有关地方政府财政收入吃紧的状况。

应按照量入为出的原则安排财政预算，进一步优化财政支出的结构。首先，按照量入为出的原则安排财政预算。尽管我国财政收入增长较快，但相对于不断增长的经济和社会发展需求，仍显不足。因此，国家出台对各项财政支出影响较大的政策，特别是民生等刚性支出政策，应充分考虑地方财政的承受能力，按照量入为出的原则安排预算，不留缺口，消除地方政府举债的隐患。其次，进一步优化财政支出结构，提高财政支出的效率。按照国民经济和社会发展的轻重缓急，确定财政支出安排的优先顺序，大力压缩一般性财政支出，统筹整个财政资源，确保民生等重点性支出的需要，提高财政支出的效率。加快中央与地方财税体制改革，建立完善地方人大对政府负债融资的制衡机制，增强地方政府负债的透明度，对其项目投资计划和资金使用建立审计、监督、考核、制度与经济社会效果的公开评估制度[1]。

---

[1] 曹红辉. 地方融资平台：风险成因与治理 [J]. 财政研究, 2010, (10)：56-58.

虽然城投债大幅缓解地方政府财政压力，已经成为地方政府融资的一个重要渠道，也降低了地方政府的违约风险，但其本身的违约风险仍然存在。在当前推进利率市场化、发展多层次资本市场的大环境下，金融工作的重点之一就是要推动我国债券市场的持续发展，稳步提升直接融资比重，规范发展城投债，保持企业债券规模合理增长。

结合美国次贷危机和欧洲主权债务危机，我们可以看到，金融衍生品的过度创新、债务的相互传染和相应金融监管的缺失是危机爆发的主要原因。改变我国城投债市场现有的盲目投资和监管缺失状况，需要中央和地方政府一起，明确事权和绩效衡量指标，改变地方政府对"土地财政"的过度依赖，对于有问题的地方政府融资平台追溯责任人，结合巴塞尔协议Ⅲ有关宏观审慎和风险自控的相应规定，与各级商业银行一起，共同控制城投债的风险，防止其引发系统性风险。

第 3 节
银行的信用风险与破产风险

中国从21世纪初开始，加快了国有商业银行上市市场化经营的进程，银行业在这一时期得到了快速发展。中国的银行业盈利能力稳步增长，商业银行开展的业务种类也由传统的信贷业务向服务型业务转型，由表内业务向表外衍生产品业务方向转型。商业银行的稳定性决定着国家的金融稳定，党的十九大报告中有关系统性金融风险的阐述，就要求商业银行的风险可控，守住不发生系统性金融风险的底线。

纵观西方近百年来的经济发展，历次的经济危机与金融危机，大都与商业银行信贷业务或是其开发的衍生产品有关，因此，商业银行的风险与系统性金融风险息息相关。如何防范商业银行风险带来的金融危机是本章讨论的重点。本章采用市场集中度来表征商业银行竞争，研究市场集中度与银行竞争度的负相关关系，即银行集中度越高，竞争度越弱。

根据既往文献定义，市场势力是指市场竞争的主体所拥有的在市场价格基础上加成的能力，也可以说是一家机构使定价高于边际成本或者是增量成本的能力[1]。新实证产业组织学理论提出，商业银行的市场势力大小不是只取决于商业银行在市场中的集中度，还与需求弹性以及市场中各家企业的合谋行为高度相关。学者赵旭[2]提出商业银行的市场势力就是

---

[1] Cabral L. Increasing Dominance with No Efficiency Effect [J]. Journal of Economic Theory, 2002, 102（2）: 471-479.
[2] 赵旭. 中国商业银行市场势力、效率及其福利效应 [J]. 财经研究, 2011,（3）: 124-135.

商业银行对于其存款、贷款以及中间业务服务价格的定价能力，即贷款利率、存款利率和中间业务利率的定价高出其边际成本之后所拥有的控制能力。

那么，商业银行的市场集中度、市场势力与风险之间存在怎样的关系？现有的研究还不能得到一个统一的结论。从研究发展的脉络来分析，一部分研究聚焦于商业银行市场集中度与风险的关系。部分学者指出商业银行的风险会随着市场集中度的提升而下降。在商业银行的市场集中度比较高的现实状况下，商业银行的数量比较少，监管机构可以比较容易地实现全方位的有效监管，各类风险相对可以得到有效控制。

但是，持相反观点的学者们提出了两个理由反驳。一是由于担心大银行倒闭对经济的稳定发展产生连锁反应，引发金融危机，政府往往救助主要商业银行以化解金融系统性风险，但这也增强了商业银行接受高风险活动的动机，使得商业银行自身风险升高。很多外国学者在研究了历史上多国颁布的存款保险制度之后，提出存款保险制度大大提升了商业银行开展高风险业务的动力，这支持了政策层面导致的银行风险上升。同时，在面临同样风险的情况下，大银行的收益率在下降，在其内部的考核机制下，"大而不倒"又使得大型商业银行追求高风险业务。二是因为商业银行的规模和复杂性呈现出正相关关系，所以小银行相比大银行更容易进行监管，监管的成本也更低。然而，在集中度较高的商业银行市场体系当中，大银行占据了主导地位，使得监管机构的监管成本比较高，从而使得风险升高。此外，大银行的"院外活动"能力在某种程度上甚至比监管机构还要大。同时，复杂的金融机构更倾向于通过开展金融创新获取超额收益，不当的金融创新会积累系统性金融风险。

另一条研究主线集中在商业银行的市场势力与风险之间的关系。部分研究学者认为商业银行的市场势力与风险呈负相关关系，原因有二。

一是商业银行的市场势力越强大，定价能力越强，获取更高的利润就越容易，这样就可以提供更加强大的资本缓冲来有效防范不可预期的外部冲击，还大大提升了商业银行特许牌照经营权的内在价值。同时，特许经营权有效降低了商业银行主动开展高风险贷款、投资业务的意愿，系统性风险积累的概率也就有所降低。二是商业银行信贷市场是信息不对称的，具有比较强市场势力的商业银行可以了解融资者一方的资信状况，为高信用等级的企业提供借贷服务，从而可以有效提升贷款产品组合的安全性，但这也会使得小微企业面临融资难、融资贵的情况。与此相反的观点是，市场势力的提升会逐步增加商业银行风险。较高市场集中度市场中的商业银行可以有效提升其市场势力，在开展信贷业务时被允许提高贷款利率。内部利润考核压力驱使银行从事较高风险的投资活动，以获取更多的回报来弥补银行的负债成本，这大大提升了相关企业发生道德风险的概率，相应的企业贷款发生违约的可能性会有所提高，商业银行因为信用风险发生破产倒闭的可能性亦将有所升高。因此，商业银行市场势力是否提高了商业银行风险，在当前还是一个颇有争议的话题。

对于商业银行的市场集中度与市场势力二者之间的关系，学界有着较为开放的观点。依据当前我国银行业自身的特点，市场集中度较高并不意味着市场上少数几家商业银行就具有非常强的市场势力。监管机构通过商业银行的准入标准、经营许可范围和市场利率的定价机制等方面的规定都能够影响银行业的市场势力。随着互联网金融的发展、利率市场化的深入，市场势力的影响因素变得更为复杂。学界当前有许多实证论文都已经研究证实，根据市场分割理论，商业银行的高市场势力和高市场竞争度是完全可以同时存在的。侯晓辉等[1]认为中国银行业较高的市场集中度并非来自充分市场竞争，而是一种源于政府对国家金融控制需求

---

[1] 侯晓辉，李婉丽，王青. 所有权、市场势力与中国商业银行的全要素生产率[J]. 世界经济，2011，（2）：135–157.

的特殊金融制度安排，因此，银行业市场集中度与市场势力之间并不存在正相关关系。

◇ 市场集中度呈下降趋势

随着市场化的发展，银行业的市场集中度逐渐降低。这说明，大银行在整个银行业中所占比重正在逐渐降低，中小银行不断发展壮大，我国商业银行市场中各家银行的市场化竞争程度不断加大。股份制商业银行的市场势力下降最为明显，城市商业银行的市场势力基本没有大的变化，围绕均值波动。

商业银行的市场集中度正在逐年下降。经济发展新常态下，随着城市商业银行的不断崛起以及民营资本进军商业银行领域，我国商业银行的数量曾一度快速增长。城市商业银行和民营银行根据自身的特点不断拓展业务，基于大数据与互联网相结合的新型金融创新产品的持续推出，信贷市场不再由几家大型商业银行所占据。在经济发展新常态下，金融创新水平将会得到显著提高，预期未来一段时间，利用互联网、大数据背景所产生的信贷规模将加速上升，传统商业银行的业务占比会进一步降低。尽管各家商业银行之间存在着一定的差异化，但是可以预见，未来的商业银行市场竞争将会更加激烈，传统的息差收入占比必将逐步下降。

总体来看，商业银行的市场集中度下降趋势明显。从趋势上看，未来中国商业银行的市场集中度仍将进一步下降。目前，中国已经放开民营银行的牌照。民营银行的加入，将会激发中国商业银行市场化的活力，提高整个行业市场化的竞争力。

需要注意的是，依据传统商业银行的经营规律，较高市场集中度的环境下，通常具有较低的市场竞争度和较高的市场势力。所以，商业银行的市场集中度下降可能会导致市场的竞争度上升，市场势力有所下降，进而使得降低商业银行市场集中度所带来的风险下降被市场竞争度上升所带来的风险上升所对冲。但是，结合中国的实际情况来看，市场势力与市场集中度可能并不是简单的正相关关系。学者刘伟、黄桂田[①]通过研究发现，商业银行的高竞争度和高集中度是同时存在的。银行业集中度与银行市场势力呈现同时下降趋势，并没有出现此消彼长的现象。这是由于中国商业银行经营区域与经营目标不同，例如城市商业银行大多专注于当地及周边地区，而部分银行则在农村乡镇地区开设网点较多，这就形成了一个天然的市场分割。不同商业银行的经营战略有根本的差异，从而使得它们之间的竞争程度并不高。

随着考核机制的不断完善，商业银行在逐步打破竞争隔离，采用更加同质化的竞争方式开展业务，非银金融机构的数量增加，银行业的牌照壁垒又逐步被打破。在竞争的过程中，金融创新的周期不断被缩短，以利用监管条例的短板，获取超额收益。在同质化竞争的过程中，不仅有银行与银行之间的竞争，还有银行与非银部门之间的竞争，复杂程度之高，从市场集中度快速下降上也可以看出。

首先，我国商业银行市场集中度正在逐步降低。随着民营银行准入许可的发放以及城市商业银行的发展，中国商业银行的市场集中度正在逐步降低。同时，不同银行的战略定位亦有不同，这就从地域与业务等多个维度将统一市场进行了划分，各家商业银行调整发展战略，进行深度差异化经营。随着民营银行的发展、城市商业银行的进一步壮大，银行业集中度继续降低。未来，继续确立差异化经营的策略，可以有效避免银行业集中度下降，同时降低银行业市场势力，避免银行业风险的上升。多维度、差异化经营，有利于商业银行的特色定位，打造符合中国国情的特色银行，增强抗风险能力。

其次，金融创新将会引发商业银行的信用风险和破产风险"双升"。发

---

① 刘伟，黄桂田. 银行业的集中、竞争与绩效［J］. 经济研究，2003，（11）：14-21.

达国家商业银行发展过程中，中间业务收入占比远超中国。但是应该关注的是，最近两年我国上市商业银行中间业务收入占比增速较快，金融创新水平与创新速度提升较大。同时，部分金融创新通过"迂回"的方式开展传统上监管机构严禁商业银行触碰的业务，金融机构借此谋求更大的收益。随着传统业务竞争的加剧，中间业务收入占比将会进一步上升，要及时有效地把握银行竞争产生的创新所蕴含的风险，防范同业竞争带来的系统性金融风险。调整银行发展战略及内部考核约束，与经济形势相匹配，充分考虑市场中的系统性风险，为整个银行业市场的规范化、高效化发展奠定基础。

再次，有效的经济增长将会缓释银行信用风险。人均国民生产总值的提升，使得整个经济的运行步入一个良性的状态，个人可支配收入增长、业务规模增量发展期间，商业银行业务发生信用风险的可能性较小。跨越"中等收入陷阱"，进一步提升人均国民生产总值，是降低商业银行信用风险与破产风险的一个重要途径。随着经济增长进入新常态，传统的刺激经济增长的手段效果减退，调整经济结构、完成新旧动能更替、降低资产泡沫，是促进经济有效增长的方法，在经济上升期缓释风险，在经济下行期防范风险。从西方国家银行发展史来看，经济有效增长时期，也是银行业的繁荣期，实体经济收益率保持较高位置，金融企业的稳定性与安全性也将大大增加。但是，经济有效增长的回落可能会对原有的银行业"非理性繁荣"进行纠偏，进而需要防范金融危机。

最后，贷款市场的竞争严重阻碍了经济增长。信贷资源的扭曲与错误配置使得信贷政策效用没有实现最大化，信贷资源的配置受到外部风险约束与内部考核约束的限制，信贷资源竞争性地流向非需求部门，以降低风险事件发生的可能性。与此同时，被认为没有还款保障的小微企业却难以得到信贷政策的支持，然而实践中民营经济的发展可以提升经济发展的效率，增强市场经济活力并增加就业和税收，信贷政策的逆向选择对民营经济的发展有一定的抑制作用。所以，竞争状态下的信贷传导具有单一性，信贷资源的错误配置，抬升了社会的融资成本，且抑制了经济发展的效率。优化传统的风险管控方法，清理僵尸企业，是向国有企业与民营企业公平分配信贷资源的基础。

第 4 节
化解金融机构风险的方法与路径

随着商业银行同质化竞争的加剧，银行业从高速增长转向新常态发展，利润增长随着经济增速的放缓而逐步放缓。行业发展面临重要转型，从传统的人员网点铺设向金融科技转型，从传统的存款融资业务向产品服务转型。随着金融服务实体经济的发展，经济增速逐步稳定，银行业金融机构为经济的持续发展提供了动力，为货币政策的有效传导提供了路径。

发展过程中，商业银行竞争加剧，竞争门槛和竞争成本提升，外部经济增速下滑，企业利润率降低，资产质量下降。现实中，部分中小银行在公司治理、风险管理、行业研判中存在重大误区，致使经营存在困难。中华人民共和国成立以来，我国仅有海南发展银行发生过风险挤兑且确实无法兑付的公众事件，最后采用国有大行并购的方式化解了风险。随着银行经营的市场化与正规化，大中型商业银行逐步完成上市，公司治理模式规范化，使得化解传统的银行信用风险不能再像"海南发展银行模式"一样简单处理。

进入2019年，化解银行业金融风险的举措逐步落地，在实践过程中根据不同的商业银行问题，采取不同的风险化解方式来完成风险缓释。

第一种是"包商银行模式"。这种模式针对大股东侵占银行资金、资产信用极差、公司治理混乱的问题商业银行，采取监管机构接管，大型商业银行托管业务的方式，打破同业刚兑，释放银行信用风险，保护中小债权人利益。

第二种是"锦州银行模式"。这种模式针对发生流动性风险和内部人控制的问题银行。这种模式下，引入大型商业银行的子公司进行财务投资，并通过派驻职业经理人的方式解决公司治理混乱和流动性问题。由于注资的是大型商业银行的子公司，既不对注资银行的财务报表产生任何影响，又能够使问题银行债权人的利益得到全额保障。

第三种是"恒丰银行模式"。这种模式针对银行尚未发生流动性风险，但是债务持续到期、资本金出现问题的商业银行，通过国家战略注资的形式，补充问题商业银行资本金，改善公司治理模式，提升市场预期，缓释风险。

第四种是"中原银行模式"。对于经营较弱的城市商业银行或是农村商业银行，采取增发换股的方式重组合并，盘活有限资产，实现有效控制。近年来，多地村镇银行采用该方法进行合并重组，未来可能还有城市商业银行加入合并重组的行列。

"包商银行模式"的实行，在很大程度上改变了商业银行的竞争格局。包商银行作为首家打破刚性兑付同业存单的商业银行，在行业内引发的恐慌效应尤为突出。通过逆向选择，绝大部分中小商业银行可能被挤出同业业务的市场，并形成了事实上的自然分层。大中型商业银行之间开展同业拆借及投资业务，中小商业银行之间开展同业拆借及投资业务，也防范了信用风险的跨层传递。

随着监管的落位与经济增速的回落，未来，化解金融机构风险的路径将被继续探索。

下篇 中国金融发展的外部性

第7章
经济发展与金融科技的外部性

第 1 节
大数据与云计算——提升金融效率

◇ **何为大数据**

大数据（Big Data / Mega Data），或称巨量资料，指的是需要新处理模式才能具有更强的决策力、洞察力和流程优化能力的海量、高增长率和多样化的信息资产。通俗来说，就是利用海量数据，深度挖掘数据之间的相关关系，以发现其内在规律，为决策提供一定的依据。

人们平日里说的人肉搜索，其实就是个体利用搜索引擎，通过一些细小的联系，分析一个人的互联网痕迹，通过电子邮箱、虚拟名称甚至是QQ号码，将一个人的成长轨迹、过往经历、掌握技能等公开或是将保密信息从海量的信息数据中挖掘出来，进而发生隐私泄露。人肉搜索来源于个人在互联网活动中的公开信息,这些公开信息毕竟有限,能够展现出的信息量也是有限的。但是,每个人在互联网中的信息,更多的是非公开信息,这些信息来源于平日里的访问记录、操作习惯以及信用活动等,并被相关网站所记录。

通过个体在互联网中活动的非公开信息,可以有效抓取用户的使用习惯,并对用户进行分类。例如:某用户在某电子商务网站上浏览了较多婴幼儿用品,但是并没有购买,当用户浏览其他网站的时候,如果该网站放置了该电子商务网站的推广广告,那么,广告程序会根据用户过往的大数据信息,自动匹配婴幼儿用品的广告展示,使得用户更容易下单。另外,根据用户的使用习惯,还可以进行精准营销。例如,1月1日某用户购买了一袋可供一条成年犬吃一个月的狗粮,那么在1月下旬,狗粮即将消耗完毕的时候,电子商务网站就可以通过橱窗向用户定向推广狗粮,或是通过电子邮件推荐新品狗粮供用户选择。用户在确实需要购买狗粮的时候,就可能选择推荐的新品,这避免了无效营销和过度营销。

通过大数据分析,可以对用户的喜好、活动规律以及生活习惯等进行分析,然后形成一个海量数据库。在个人APP或其他互联网活动中定向开展营销服务,为用户规避厌恶的,挑选喜好的,最终达到迎合客户需求的目的。数据挖掘的团队根据历史信息在数天内分析得出的规律,一线销售人员可能需要数年才能总结出来。

◇ 大数据有多大

大数据的信息,到底有多大?到底大在哪里?有哪些使用价值呢?

大数据信息包含的数据非常多,有用户的个人信息、使用习惯、交易记录等,通过分析这些信息可以获得多种延伸信息,进而开展定向营销活动。一般来说,大的电子商务公司将客户的大数据信息储存在云端,并进行全球多个地方的同步备份,以避免数据丢失造成损失。大数据需要严格的保密措施来保障信息安全，否则将会泄露全网的隐私信息，并使用户在其他网站的隐私也因此被泄露。

由于当前云存储的量已经非常大，大数据存储在云端，其数据大小已经没有意义，更重要的是数据库的读写速度以及并发连接数。

◇ 大数据在金融中的应用

1.互联网金融企业开展消费信贷

用户在电子商务网站消费，根据互评的信用以及消费的历史记录，可以判断一个人的消费习惯以及消费模式。互联网金融企业依据大数据来分析个人信用状况，对用户进行授信，进而开展消费贷款活动。由于用户在过去的若干年里已经积累了长期的信用记录，电子商务企业可以根据这些记录来深度挖掘用户的信用价值与消费习惯，开展相关的营销服务。

2.降低传统金融机构的运营成本

传统金融机构在开展尽职调查的过程中，成本较高，且效率较低。但是，大数据是极难伪造的，且建立起来需要时间成本，因此，依据大数据的判断可信度极高。传统金融机构在办理相关业务的过程中，并不能够完全了解交易对手或是客户的真实情况，而大数据则可以从很多方面给金融机构一个直观的认识。正如一家百年老店不会为了逃避还贷而把自己的招牌砸了，一个信用记录较好的人，违约的概率也会很低。

3.增强风险控制能力

由于个体在生活中的方方面面都在一定程度上反映了其自身财务状况的变化，大数据可以帮助金融机构快速了解金融服务需求者的财务状况变化。例如，一个想要骗取银行或是金融机构贷款跑路的人，一定不会将其高档汽车留在获取贷款之后再处置。因此，金融机构可以通过大数据分析，有效规避主观信用违约事件的发生，将恶意违约风险扼杀在萌芽之时。

4. 开展金融监管

传统证券监管中，最让监管机构头疼的是内幕交易及操纵股价等违法行为。由于上市股票众多，交易手法隐蔽，因此很难找到内幕交易者及股价操纵者，搜集证据更是无从谈起。随着大数据技术的应用，不太活跃的股票账户突然活跃且收益率较高的情况就可能被观察。通过进一步的分析，可以搜寻到有关内幕交易者以及股价操纵者的信息，这大大减少了人工查找，降低了人工成本，增强了锁定内幕交易者的可能性。这也为金融监管机构大大降低了监管成本，有效规避了金融违规行为。同时，电子商务公司可以利用大数据开展金融犯罪活动的搜索与规避工作，从源头止住信用卡犯罪等违法活动。

5. 推出金融创新产品

所谓有需求就有市场，只要用户有需求，金融机构就会提供有关的服务。大数据在被深度挖掘之后，能够准确定位人群与需求，将原本需要通过产品组合来进行的金融服务活动，凝结为一个金融产品，并向其特定人群推广。这不仅可以满足特定人群的金融服务需求，还可以让金融机构定向精准营销，实现了需求与供给的完美结合。

大数据在金融中的应用将来会越来越多，给金融带来的便利也将愈加明显，成为当今金融发展大潮下的催化剂，不断促进资源配置的高效率，并发挥着金融加油站的作用。未来的金融市场，是大数据的天下。

◇ 大数据应用的经典案例

1. 啤酒与尿布

全球零售业巨头沃尔玛在分析消费者购物行为时发现，男性顾客在购买婴儿尿片时，常常会顺便搭配几瓶啤酒来犒劳自己，于是尝试使用了将啤酒和尿布摆在一起的促销手段。没想到这使尿布和啤酒的销量都大幅增加了。如今,"啤酒+尿布"的数据分析成果成为大数据技术应用的经典案例,被人津津乐道。

2. 超市预知高中生顾客怀孕

美国明尼苏达州的一家塔吉特百货门店被客户投诉,一位中年男子指控塔吉特将婴儿产品优惠券寄给他的女儿——一个高中生。但没多久他却来电道歉,因为女儿真的怀孕了。塔吉特百货就是靠着分析用户的购物数据,然后通过相关关系分析得出事情的真实状况。

◇ 何为云计算

云计算(Cloud Computing)是基于互联网的相关服务的增加、使用和交付模式,通常涉及通过互联网来提供动态易扩展且经常是虚拟化的资源。对于到底什么是云计算,至少可以找到100种解释。现阶段广为接受的是美国国家标准与技术研究院(NIST)的定义:云计算是一种按使用量付费的模式,这种模式提供可用的、便捷的、按需的网络访问,进入可配置的计算资源共享池(资源包括网络、服务器、存储、应用软件、服务),这些资源能够被快速提供,只需投入很少的管理工作,或与服务供应商进行很少的交互。

通俗来讲,就是遍布于互联网各处的具有较强计算能力的资源,在接收到计算命令之后,依据分工,分别完成各自的运算并返回结果。这样,一处计算资源解决不了问题,在使用云计算之后,响应时间大大缩短。有些情况下,必须使用云计算来完成响应,因为短时间内并发连接数过高或是计算需求过大,已经远远超过了服务器所能够承受的能力。

云计算的优势如下。

首先,云计算解决了计算高峰低谷问题。部分机构需要的计算能力具有高峰低谷的特点,即只在某段时间内需求较高,如果一步到位购置计算能力较强的设备可能并不划算,或者根本没有这样的设备,因此,只要准备满足常见需求的计算能力,当可预估的高峰期来临时,使用云计算,借助外力来满足计算需求。云计算服务器在其他时段还有其他计算需求,这样就能够使全网时段都保持较高的运算能力运行,避免了运算能力的浪费。例如12306网站,每年春节期间抢票人数较多,借助云计算能力,可以轻松解决高峰低谷问题。

其次,云计算完成了过去不可能完成的计算任务,推进科研的进步。随着科技的进步,越来越多的难题需要大规模的计算来完成,但是由于设备速度的限制,很多难题即使利用计算速度最快的设备也需要很多年才能够完成。云计算出现后,分布于网络各个端点的计算源能够合力将原本几年甚至几十年才能够完成的计算任务,在很短的时间内完成,并反馈结果。

再次,云计算可以避免黑客拒绝服务攻击(DDOS攻击)。黑客攻击一直以来是令企业头痛的问题,传统的服务器存在系统漏洞以及被黑客进行拒绝服务攻击的可能。云计算服务器则采取集中安全管理的方式,有专人负责服务器的安全权限管理,采用最顶尖的防黑客软件,及时发现,自动修复。对于黑客的拒绝服务攻击,由于云计算可以自动分流来往数据包,不会对服务造成任何影响。

最后,云计算降低了维护成本。传统的计算设备有着高昂的维护成本和折旧,有些甚至需要单独修建机房和购置配套设备,云计算分布在互联网的各个角落,使用云计算的企业可以有效降低固定资产投资成本,并且用极低的成本提升了用户的服务体验。云计算为企业提供了一站式的服务解决方案,完美的服务加上低廉的成本,为诸多企业用户带来了优质体验。

◇ 云计算在金融中的应用

1.提升金融行业数据处理能力

由于金融行业对于数据储存、处理和传输的要求非常高,任何一个失误都可能意味着大量的资金流转不便。云计算在传统金融中起着重要作用，保障了金融服务的安全性与高效性，确保每一笔资金的来往顺畅与安全，增强了金融机构的公信力。使得用户可以全天候享受到快捷便利的金融服务。

2.加强金融业务创新

传统金融企业受制于技术手段等无法开展大规模的金融产品创新，云计算技术推出之后，金融机构可以依靠技术手段实现产品的改造与升级。全新的移动无线支付、手机APP等产品的推出都基于云计算，为用户提供了随时随地高效的金融服务。

3.金融与传统IT开展互通互联

传统互联网只开展互联网业务，而云计算的推出使得传统互联网可以与金融机构合作开展相关的互联网金融服务。如微博的支付通道业务、阿里巴巴的小额信贷业务都运用了云计算的技术，使得传统互联网业务可以和新兴的互联网金融相融合。其最终目的，是以客户为中心，为客户提供一揽子的金融解决方案。

第 2 节
金融科技发展趋势——不改变金融逻辑

为了能够更加生动形象地说明科技与金融之间的关系,我们虚构一个小故事来解析金融科技的发展趋势,以更好地理解金融科技与经济发展的递进关系。

◇ 渠道化

有一户人家住在山上,家里有一个小男孩。有一天,小男孩砍柴之后感觉无聊,就跑去找自己的父亲说:"父亲,活儿都干完了,我想下山去玩儿。"父亲说:"儿子,你长大了,可以自己下山了。去后山上摘些橘子,到山下的集市上换些米钱吧。切记,天黑前要回来。"小男孩高高兴兴地跑去后山上摘了一大筐又大又甜的橘子,蹦蹦跳跳下山去了。

来到了集市上,因为小男孩的橘子皮薄肉多而且甜,价格还公道,不一会儿,橘子就卖完了。好多乡亲因为没有买到小男孩的橘子,都希望他第二天还可以再来。卖完橘子之后,小男孩在山下玩儿了好久,天黑之前回到了家里。

小男孩说:"父亲,咱们后山的橘子在山下的集市上卖得特别好,我明天砍完柴还想去卖。"父亲说:"去吧,但是我们后山很大,橘子很多,你能找到那么多买家吗?"小男孩若有所思地点点头。

接连一个星期,小男孩每天都去集市上卖橘子。隔壁好多镇子的小商贩听说集市上有个小男孩的橘子特别实惠、特别受欢迎,就赶了一天的路去找小男孩，想要收购，小男孩答应了，第二天和父亲一起采了几筐橘子下山交给他们。但是，小商贩要在山下住店，还要吃两天饭，每次能够贩卖的橘子数量又有限，有时赶上紧俏的时候还要多等一天，算了一下，并不挣钱。小男孩跟小商贩们说："这样吧，每天下午天黑之前，你们每人放一只信鸽，将想要的橘子的数量写在纸上，由信鸽送给我，第二天你们再来山下取橘子就行了，这样你们就不用等啦！"众商贩觉得这个方法甚妙，既降低了食宿成本，还节省了时间。于是，周边数十个镇子的小商贩每天用信鸽给小男孩传递第二天橘子的需求量，小男孩第二天和自己的家人一起向山下送橘子。大家都夸赞小男孩开辟了卖橘子的新渠道。

小男孩之所以能够将橘子卖出去，其实是建立了一种渠道，凭借自身橘子质量过硬，建立了自己的品牌信誉。随后，用信鸽传递橘子的需求信息，既方便快捷，又节省了成本。

未来金融科技也更多地向渠道化方向发展。所谓渠道化，是说互联网未来更多的是做渠道，通过渠道创新来推广传统的金融产品。互联网渠道可以让更多的人有效地了解某种金融产品，并最终选择这种金融产品。传统的小微金融企业，主要在周边城市开展自己的产品推广服务，拥有互联网的渠道之后，将线下积累了多年经验的小贷业务搬上互联网，通过互联网开拓渠道，最终实现金融科技的大发展。

我们身处于大数据时代，拥有海量的信息与用户资源，在拓展金融产品方面，还有很多未知的财富等待我们去挖掘和探索。伴随着传统金融与互联网的结合，未来将会有更多的渠道去进行资源的有效配置。

◇ **平台化**

小男孩卖了两年橘子，赚了不少米钱，可是，后来母亲生病了，治病需要很多钱，家里的钱根本不够。父亲对小男孩说："你的脑子灵活，快想想办法，筹集一些钱，给母亲治病。"小男孩看见母亲被病痛折磨，也很难过，可是此时后山上已没有橘子可卖了。

想了很久，小男孩下山找到许多果农，介绍自己并说明了来意。原来，十里八村的都已经认为小男孩卖的水果最实惠，他的招牌已经打出去了，许多水果商贩已经因为水果的质量和价格没有优势而退出市场了。小男孩考察了几家果农的果园，选择了几家性价比较高的达成了合作意向，果农们向小男孩供应质量上乘的水果，小男孩卖完之后再付钱给果农。

于是，小男孩和父亲在山下的集市上搭建了几间草屋，开起了水果店。每天早晨，果农们都会将自家最新鲜的水果送到店里来。水果店向乡亲们出售价廉物美、各种品种的水果。生意越来越好，营业额也越来越大，周边乡镇的商贩应声前来，依然约定以信鸽传递信息，每天前来采购瓜果。久而久之，小男孩的水果店成为当地最大的"水果批发集散中心"。小男孩负责水果定价和质量监督，果农们将自己的水果都送来销售，乡亲们和十里八村的商贩们也都前来采购。

最后，小男孩筹够了为母亲治病的钱，同时也创建了自己的"水果销售平台"，在平台上销售各种优质水果，建立了自身的品牌效应。

小男孩通过建立水果销售平台，成功地将果农的水果资源与乡亲们及商贩的水果需求对接起来，完成了交易，获取了收益。

未来金融科技发展趋向平台化，各家互联网电子商务公司的平台已经初具规模，通过现有平台，搭建出延伸的金融服务平台，提供一揽子的金融科技解决方案，满足用户日常的互联网金融需求。各家传统的金融服务提供者在平台上提供自己的金融产品供广大投资者选购，并且这些金融产品在"上架"之前是被销售平台检验过的。未来互联网金融平台将以用户的数量与黏性为核心竞争力，推出的服务以客户为中心，为广大客户提供一站式的金融解决方案。

◇ 资产证券化

小男孩自从搭建了山脚下的这个"水果批发集散中心"之后，生意红红火火。但是，现在其他村庄有大户人家也在效仿，想要把小男孩的"水果批发集散中心"挤垮，然后自己垄断，再提高价格获取暴利。小男孩得知消息之后，十分苦恼，但是面对挑战，除了积极应对，并没有什么退路。

第二天，小男孩和店里的其他人商议，决定扩大"水果批发集散中心"的规模，以应对大户人家的市场抢占。但是，自己现有的资金量没法满足扩充市场的需要。小男孩决定从乡亲们那里吸收资金，将自己的"水果批发集散中心"做成"股份制企业"。有些乡亲早有此意，认为小男孩头脑聪明，自己手里又有闲钱，可以放在小男孩那里，挣到钱以后再获得分红。

就这样，小男孩将自己的"水果批发集散中心"变成了乡亲们入股的平台。可是，入股以后，资金还是不够。为了再筹集最后差的一点儿钱，小男孩将水果店的应收账款打折出售给各家钱庄，获取流动资金。各家钱庄可以依据自身资金的头寸多少，自由买卖小男孩的应收账款资产，应收账款到期，小男孩向持有票据的人支付款项。

小男孩筹集到了足够的款项，将自己的"水果批发集散中心"做得更大更强了，击退了对手。小男孩将自己的应收账款资产进行证券化，开展了融资活动，最后，完成资产规模的壮大，在市场中占据了有利地位。

未来，将会有更多的资产被作为证券发行出去，而互联网则是一条重要渠道。金融机构通过将资产证券化，经过增信机构的增信，提升资产包的评级，增加了中小投资者的投资渠道，对风险承受能力较强的投资者提高目标收益率。互联网作为信息化高速公路，可以用于精准营销，资产被销售给与其风险相匹配的投资者，而投资者则可以主动寻找到与自己投资偏好相适应的证券投资资产。

◇ 打破刚性兑付

小男孩的资产证券化做得风风火火，市场越做越大，别说是十里八村了，就连邻近的几个县的商贩都赶来抢购，还有好多邻近县的果农也来送货。但是，小男孩因为与商人打交道较少，不知道有些商人并不诚信。在过去的一段日子里，时常有商人赊账购买水果之后没有还款，有的是因为吃了官司在坐牢，有的是因为改行做其他的不认账了，还有的再也没有了音讯。这时，为了不失去乡亲们的信任，小男孩把自己的分红拿来填补坏账，以免乡亲们受到损失。可是，随着坏账的增加和利润率的降低，他已经无力独自承担了，乡亲们的刚性兑付将要被打破。于是，小男孩勇敢地迈出了一步，向乡亲们说明了共同承担风险的必要性，这样，坏账均摊在每一个股东身上。之前以应收账款作为资产换取的融资，由于发生坏账而无法偿还的，一律不予偿还。由此，小男孩的"水果批发集散中心"又充满了生气与活力，并最终远近闻名。

小男孩之所以能够解决不良资产的问题，是因为其勇敢地打破了刚性兑付，让风险与收益相匹配。之前，诸多P2P平台依靠刚性兑付来吸引投资者，然而，由于刚性兑付的原因，一旦发生一笔大的坏账，可能将整个平台拖垮。小男孩勇敢地打破刚性兑付，使得乡亲们在获取收益的同时也承担了相应的风险，使得钱庄在收取资产高回报的时候也承担了资产的对应风险。这才是金融健康发展所必需的规则。

打破刚性兑付是金融行业的必要之举，只有完成这一步，才符合金融的基本规律，金融也才能够健康顺利地发展。相信在不久的将来，打破刚性兑付将成为现实，互联网金融的大发展会在一个健康有序的金融环境中开花结果。

◇ 大数据

十年之后，小男孩长大成人，他已把"水果批发集散中心"转交给其他人打理。有一天，"水果批发集散中心"的负责人跑来找到男人说："为什么我把握不了每天水果的需求数量？水果进多了，卖不掉就会坏掉；进少了，不能满足乡亲们的需求。"

男人说："我之前每年都有一大本账册，你去找出来细细研究。"

于是，负责人找来每年的账册，发现一年四季每天每种水果的销售情况都记得非常清楚。账册显示，不同的季节，乡亲们需求的水果数量和水果品种都不相同，而且每年的需求都有所增长。负责人找到政府相关部门，要来了每年的人口登记记录，然后根据过去十年的大数据准确地预测了人口增长和各类水果需求情况。这样，水果店的经营成本更低了，也让出了更多的利润给乡亲们。

未来互联网金融的发展，会更充分地利用大数据。电子商务公司将根据用户的使用习惯和规律，准确地把握每种商品的消费情况、每一类客户的喜好、每一类商品的使用情况，等等，通过大数据，在海量的看似无用的信息中提取有用信息，最终利用信息。大数据的最终意义是可以应用到生活中，而不是只存在于理论研究中。

第8章
人口红利与养老金融

第 1 节
技术进步、刘易斯拐点与平均利润率——劳动力供求及价格变化的视角

马克思在《资本论》中提出的平均利润率理论，向世人展现了平均利润率变化的一般规律。其认为一般利润率通过竞争而平均化，企业只有不断进行技术创新，以获取超额剩余价值，才能够不断地保持自己的利润率。但是也有一部分观点认为，社会平均利润率不能够随着技术进步而提高，相反，技术进步将会使得平均利润率下降。数年来，大家对这个问题的争论一直没有停止。

马克思主义理论认为，当剩余价值被看作全部预付资本的产物时，被称为利润，利润是剩余价值的转化形式。利润与全部预付资本之比，就是利润率，反映全部预付资本的增值程度。在现实生活中，不同的生产部门之间存在着对有利投资场所的争夺。当某一部门的利润率高于其他

部门时，会吸引其他部门的资本流入该部门，这会使该部门的产品供过于求，价格下降，从而导致该部门的利润率下降；而其他部门由于资本的流出，产品变得供不应求，价格上升，利润率上涨。所以各部门大致是等量资本获取等量利润，形成一般性均衡。

刘易斯拐点是指在工业化过程中，劳动力由过剩转向短缺的转折点。本节通过探究技术进步、刘易斯拐点对于平均利润率的影响，试图解释当前中国技术进步、人口红利等内生变量对平均利润率及劳动力价格的影响。

现有观点对于平均利润率影响因素的争论主要集中在技术进步及人口结构组成两个方面。

第一，在技术进步方面。

李嘉图曾对技术进步持有正反两个方面的观点：一是认为节约劳动的机器除了会带来暂时性的困难之外，只会给作为消费者的所有阶层带来好处；二是机器的使用有损劳动者的利益。徐幼民[1]认为竞争条件下技术进步是利润产生的充分必要条件。现有企业理论研究既定技术下的资源优化配置问题，不能够解释长期利润的存在。从技术进步的角度来分析，提高创新决策能力和应对技术进步中的不确定性，是企业产生的原因。机械化大生产取代手工制作的低技能劳动者，而自动化和智能化取代机械化大生产则有利于高技能劳动者。

因此，技术进步对不同劳动者的影响也是不同的。在19世纪的欧洲，大批的农村低技能劳动者拥向城市，加快了机械化大生产取代手工制作的步伐；20世纪下半叶以来，高技能劳动者供应量的增加，刺激了与高技能劳动者互为补充的技术进步。

技术进步和劳动力市场之间存在相互影响和相互促进的关系[2]。首先，技术进步偏向会改变劳动力市场的需求结构，促使劳动力市场结构发生

---

[1] 徐幼民. 基于技术进步的企业与利润理论论纲 [J]. 财经理论与实践. 2003, (3).
[2] 苏永照. 技术进步偏向对中国劳动力市场的影响 [J]. 财贸研究, 2010, (1): 17-22.

适应技术进步方向的转变。在存在劳动力市场分割的情况下，不同劳动力市场存在不同的分配方式，技术进步偏向会对不同的劳动者产生不同的影响，从而有可能进一步加剧劳动力市场的分割程度。其次，劳动力市场结构也会对技术进步产生重要影响。劳动力市场的分割会使高技能劳动者和低技能劳动者在不同的劳动力市场分别占有数量上的优势，而某类劳动者在局部劳动力市场上的相对充裕会刺激与这类投入要素互补技术的使用。

第二，在人口结构方面。

中国刘易斯拐点的到来，将通过推高工资水平带来物价水平的整体提升。有学者通过对二十世纪中叶以后经过快速的工业化发展、走过刘易斯拐点的日本、韩国、新加坡三个国家的通货膨胀水平和实际工资水平进行实证分析，发现实际工资的上涨不一定推高整体的物价水平。我国需要及时转变经济发展方式，加快经济转型升级，并尽快建立多层次的资本市场。

目前，国内外学者对于技术进步和刘易斯拐点带来的人口结构的变化对劳动力价格影响的理论研究已经比较完善，本节将从多个角度对平均利润率的影响因素——技术进步及人口结构进行理论分析。

首先，技术进步的外部效应。技术进步有自身的内在规律，并且具有极大的外部效应，会使所有行业都得到外部收益。技术进步的外部效应导致了利润率的存在。技术进步要求劳动力价值相应增长，并且劳动力价值的增长应有一定的超前性。如此一来，一旦技术进步受到某种冲击，进展放慢，利润率会降低，相应的消费与需求下降，经济运转或将进入恶性循环。

其次，技术进步中的跳跃式创新。这是指个人或公司利用新技术进行全面的创新。跳跃式创新可以获取超额收益，随着企业的发展，每一次跳跃式创新都能够带来更高的平均利润率，当技术成熟，其他企业开始模仿的时候，超额收益减少，平均利润率降低。随后，如果再次进行跳跃式创新，则可以再次获得超额收益，平均收益率提高。如图8-1所示，四次跳跃式技术创新使得企业的平均利润率不断升高。

再次，技术进步中的连续型创新。这是指根据产品使用过程中所出现的问题，不断地进行小型的创新改造。连续型创新能够不断地改善用户的体验，但并不能使平均利润率永远保持较高的水平，连续型创新可以延缓平均利润率的下降。如图8-2所示，连续型创新可以使平均利润率曲线延迟下降，并使企业在更长的一段时间内获取差额收益。但是归根结底，平均利润率仍然是不断下降的，只是下降的时间有所放缓。

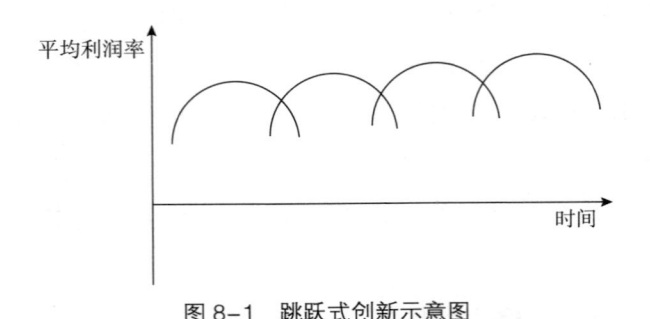

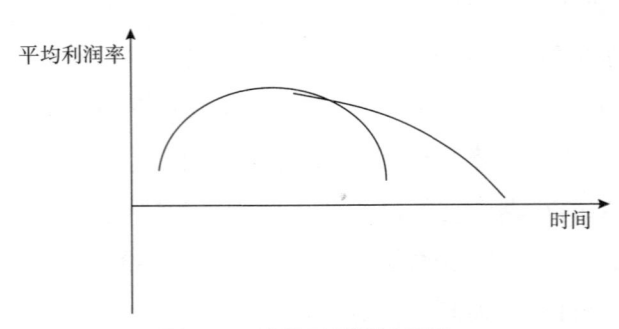

图 8-1　跳跃式创新示意图

图 8-2　连续型创新示意图

最后，人口结构与刘易斯拐点。刘易斯拐点的到来往往意味着人口红利的消失，在国际化程度如此之高的当代，人口红利是影响平均利润率的一个重要因素。如果说一个国家跨过了刘易斯拐点，开始迈入老龄化社会，那么其劳动力价格一定会开始上升，生产的产品在世界市场上的竞争力下降，企业平均利润率降低。由于劳动力不能够在各国之间自由流动，劳动者将自己的劳动凝结在商品中进行流通，由于国别的限制，不同地区的企业获取的平均利润率不同。此前多年，我国以出口导向型经济为主，一旦迈过刘易斯拐点，人口红利消失，平均利润率将会下降。

马克思的平均利润率理论是在一个封闭经济中进行讨论，技术创新所能够带来的平均利润率有下降的趋势。随着技术创新方式方法的变革，跳跃式创新带来源源不断的超额收益，平均利润率一直保持一个较高的水平。同时，在开放经济条件下，一国人口红利耗尽之后，将难以获得劳动密集型产业的高平均利润率。国际贸易的发展使得国际分工可以随时调整，跨国投资选取劳动力充裕的国家进行生产，又可以获取超额收益。因此，保持超额收益及较高平均利润率的方法有很多种，技术创新只要方式方法得当就可以提升平均利润率。

通过对技术创新和刘易斯拐点的理论分析，我们得出如下结论。

首先，技术创新可以推动平均利润率的上涨。跳跃式创新使得企业拥有源源不断的活力来提升平均利润率，获取超额收益。

其次，中国的刘易斯拐点正在到来。部分行业或领域劳动力供求关系的紧张表明我国人口结构开始出现老龄化问题，人力资本大幅上升，依靠劳动密集型产业的出口增长方式难以持续，企业平均利润率将随着人口红利的消失逐步下降，亟待向科技进步和人才红利要效益。

最后，平均利润率理论对当前经济全球化社会有一定的局限性。经典的平均利润率理论是在封闭经济中讨论而得出的，现代科学技术的发展使得国际贸易在全球范围内进行，全球分工初步形成并不断调整，各国人口红利释放时间不同，国际企业根据各国情况，及时调整投资战略，使得产品设计、生产、销售在全球范围内分工完成，达到规模效应，获取超额收益，本国小型企业则没有足够的资本实现规模经济，需要及时应对，采取有效措施，力争获取较高的平均回报率。

第 2 节
第三支柱养老金在发达国家发展的经验借鉴[①]

2022年4月21日，个人养老金制度在我国落地，多层次养老保险体系建设有了重大突破。第三支柱养老金在西方发达国家是如何开展的呢？有哪些经验与教训？对中国的第三支柱养老金发展有哪些借鉴意义？

◇ 美国个人养老金发展

美国的三支柱养老金体系建设较为成熟，发展也较为均衡。第一支柱是联邦公共养老金，在联邦政府层面强制征收，并进行全国统筹，统一运作管理，主要投资于特种国债，第一支柱养老金能提供近50%的养老金替代率；第二支柱养老金以401K计划为代表，已经成为美国全职劳动力市场的必备品，分为缴费确定型养老金与待遇确定型养老金，目前缴费确定型养老金是第二支柱养老金的主流模式；第三支柱个人养老金投资计划通过政府的税收优惠政策，为纳税人提供了积累养老金的方法与渠道，也有效地补充和衔接了第二支柱养老金制度。

美国的第三支柱养老金分为账户模式与保险模式，两种模式独立发展，账户模式占了主导地位。美国第三支柱养老金的制度设计呈现如下几个特点。

一是税收优惠模式不同。一种优惠模式是以税前收入投入的传统IRA

---

① 本文共同作者周莹。

计划（享受税收递延，EET模式），在养老金的存入环节不征税，投资环节当期免税，最后支取环节征税；另一种税收优惠模式是以税后收入投入的罗斯IRA计划（投资和支取免税，TEE模式），存入环节征税，投资环节和支取环节都免税。

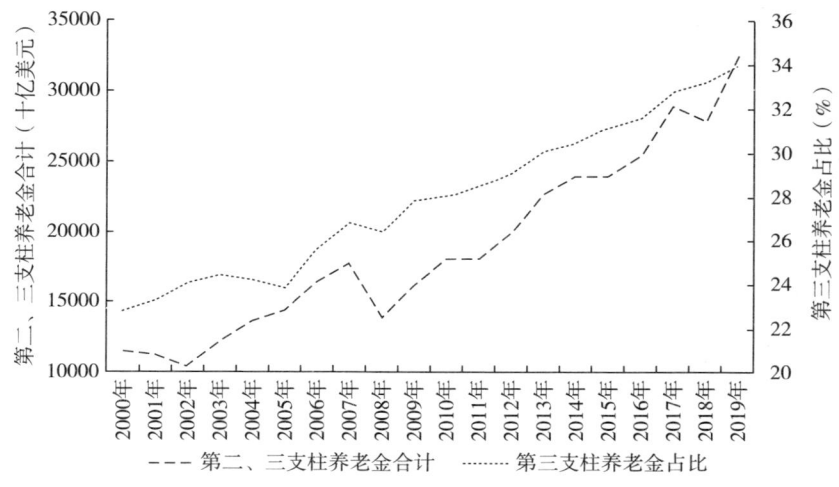

图8-3 美国第三支柱养老金发展及占比情况（2000—2019年）

资料来源：笔者整理。数据来源：Wind数据库。

二是优化了第二支柱养老金与第三支柱养老金的关系，使第二支柱、第三支柱形成了良好的互补关系。缴费员工在工作变动或退休时，第二支柱、第三支柱养老金计划下的资产可以互相转化。在税收优惠方面，为了体现养老金制度的公平与普惠，美国选择了将个人名下所有养老金资产的税收优惠进行统筹考虑，不允许重复享受税收优惠。

对于第三支柱养老金，个人可以对IRA账户项下的资金具备自主的投资选择权，投资的标的包括共同基金、存款、股票、债券等，甚至可以间接参与房地产、票据、贵金属、外汇等的投资。整体来看，IRA账户中的资产权益类基金占比较大，超过半数，涵盖境内、境外的权益类基金。丰富的投资产品与投资渠道，使得美国第三支柱养老金具备普惠金融的属性，其在金融可得性、产品多样性、商业可行性与可持续性、安全与责任等方面都较好地体现了成熟养老体系下第三支柱养老金的普惠金融属性。

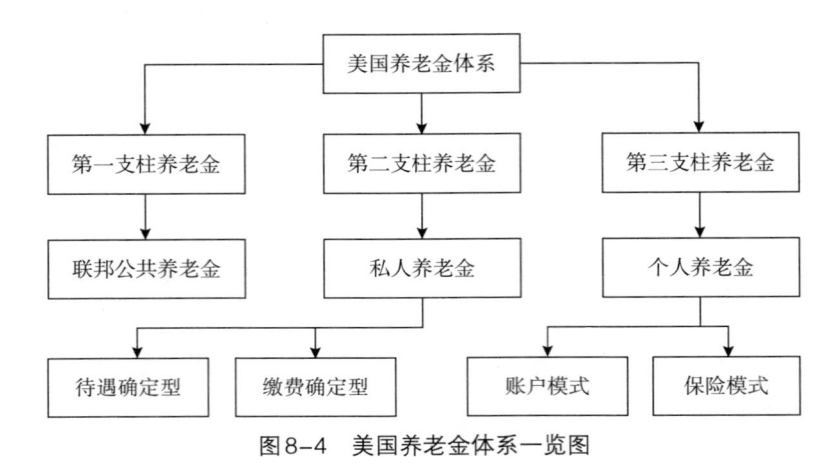

图8-4 美国养老金体系一览图

资料来源：笔者整理。

美国的第三支柱养老金是发展较为成熟、管理较为完善的个人养老金制度体系。其税收优惠基于养老金账户，尊重了个人投资的选择权，提升了权益类投资在养老金中的投资比重，实现了第二支柱、第三支柱的联动与互通，方便了个人参与养老金市场活动。此外，美国的养老金制度与体系也在不断地调整与完善，在不断地发现问题、解决问题中完善第三支柱养老金制度，使其逐步发展为相对公平、普惠的金融产品体系。

◇ 日本个人养老金发展

日本是目前全球人口老龄化、少子化程度最为严重的国家之一，再加上日本近代历史上多次经历金融危机与经济停滞，养老金体系面临诸多挑战。从图8-5可以看出，日本的老年人口占比从2000年的大约7%，攀升至2020年的大约14%，增长速度之快已经超出了正常的经济体老龄化进程。相对于人口老龄化的不断深化，其经济增长速度不高，对养老体系的增长贡献有限。

经过多年发展，日本已经逐步建立起了较为完善的多层次养老体系。不同于传统的三支柱养老体系，日本的养老体系分为两个部分和三个层次：公共养老部分和私人养老部分；第一层次是国民年金，第二层次是厚生年金保险，第三层次是职业养老金，只有第三层次是私人养老金。第三层次的职业养老金又分为DB年金计划和DC年金计划：其中DB年金计划是待遇确定型的职业养老金计划，由雇主发起；DC年金计划又分为雇主型年金计划和个人型年金计划。雇主型DC年金计划覆盖人群为企业单位的员工，个人型DC年金计划覆盖人群为国民年金的被保险人。DC型养老金采用EET模式免税，缴费阶段免征个人所得税，投资环节免税，仅在领取时征收个人所得税。

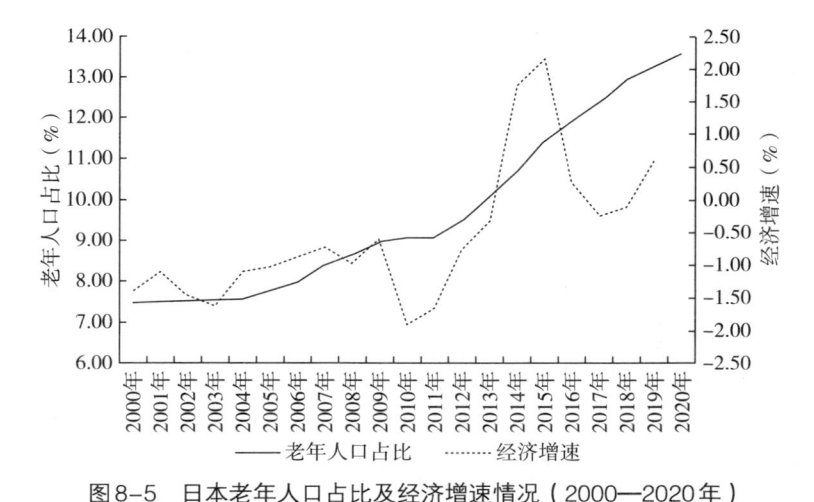

图8-5 日本老年人口占比及经济增速情况（2000—2020年）

资料来源：笔者整理。数据来源：Wind数据库。

具体来说，日本的第三支柱养老金主要由个人缴费确定型养老金（iDeCo）与日本个人储蓄账户（NISA）组成。个人缴费确定型养老金是缴费确定型养老金计划（DC Plan）的一种，与第二支柱企业缴费确定型养老金相对应，它起初是一款专为在职员工设计的个人缴费型养老金计划，主要针对未被企业养老金覆盖的中小企业员工、个体经营者以及自由职业者，2017年覆盖人群扩大至公共部门与家庭主妇。个人缴费确定型养老金的独特优势在于，其可以与企业缴费型养老金自由转化，例如个人缴费确定型养老金参与者找到一份可以享受企业缴费确定型养老金的工作时，可以将个人缴费账户养老金转入企业养老金账户中。这打通了第二支柱与第三支柱养老金间的转换通道，保障了缴费确定型养老金职工在就职空窗期的权益，迎合了劳动力市场流动需求，值得我国在进行第三支柱养老金顶层设计时参考和借鉴。

除个人缴费确定型养老金外，日本还建立个人储蓄账户（NISA）制度，本质是投资金融资产且具有税收优惠的账户，该模式是引入了英国在20世纪90年代推出的个人储蓄账户（ISA）制度，鼓励个人从青年时期开始自主积累养老金，减轻政府财政负担。在NISA中的投资所得能够在投资期内免除缴费投资额度内的所得税与资本利得税，因此个人储蓄账户制度在2014年一经推出就具有较强的吸引力，账户申请人数年平均增速约为36%，截至2020年6月末，总申请账户数达到1456万户，资产规模达20.15万亿日元。但个人储蓄账户制度推出之时，在日本年轻人中的普及率并不高，2014年日本金融厅的调查结果显示，除可用资金不足外，最主要的原因是投资相关知识不足，以及对NISA账户不够了解，此后，日本做了大量工作进行投资者教育。因此我国在推进第三支柱养老金建设中，充分的投资者教育也是必不可少的一环。

日本第三支柱养老金也接受多头监管，管理机构包括国民年金基金协会、个人账户管理机构、投资产品管理机构、信息记录机构。国民年金基金协会主要负责iDeCo计划加入者的资质审核、缴费资金的收支管理、投资产品事务委托等；个人账户管理机构一般为银行、证券公司或者保险公司，负责个人养老金账户的管理、投资产品的引入以及产品信息的披露与风险提示；投资产品管理机构一般是基金公司与资产管理公司，负责在资产配置、权益投资、固定收益投资等方面进行受托管理；信息记录机构由四家系统信息提供商组成，负责对养老金相关产品的信息进行记录与保存。

日本第三支柱养老金的发展具备覆盖人群广、税收优惠力度大等优势特点，也存在产品结构复杂、税收优惠品种繁多、投资者教育不足等劣势。

◇ 英国个人养老金发展

英国作为欧洲发展比较成熟的资本主义国家，同样面临着严峻的人口老龄化问题。其个人养老金的发展相对完备与科学，具备一定的借鉴意义。英国养老金体系是典型的三支柱养老金体系，第一支柱养老金是国家养老金计划，包括国家基本养老计划和第二养老金计划；第二支柱养老金是职业养老金计划；第三支柱养老金包括个人养老金计划、存托养老金计划等。

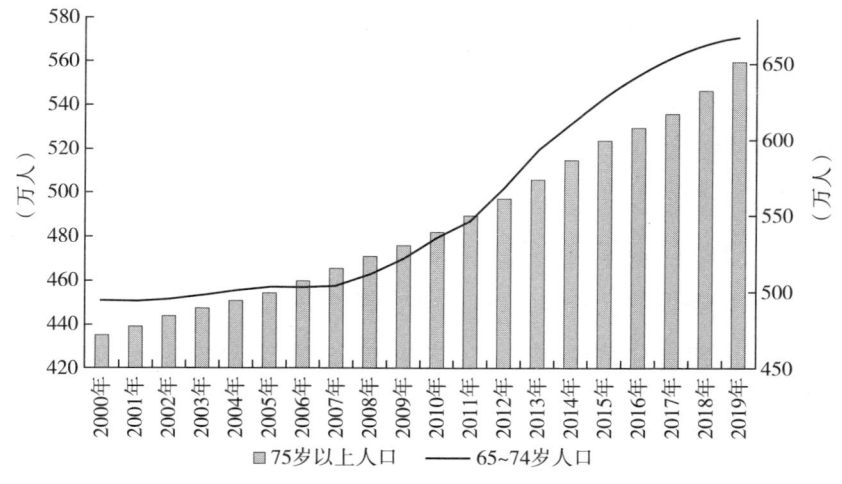

图 8-6 英国老年人口数量变动情况图（2000—2019 年）
资料来源：笔者整理。数据来源：Wind 数据库。

英国第三支柱养老金主要分为两类，一类是主要面向中低收入群体且具有低费率特征的存托养老金计划，另一类是面向高收入群体且更为灵活的自主投资型个人养老金计划。存托养老金计划可以享受税收优惠，最低缴费额比较低且相对灵活，其最大的特点是政府设置了最高的管理费用，对于低收入人群来说较为有利；自主投资型个人养老金计划主要为高收入群体，即希望通过处理和转换投资来管理自己养老金的群体设计，相比于存托养老金计划，其对个人投资能力的要求较高。在税收优惠方面，英国大部分个人养老金计划都采取了EET模式，即在缴费、投资收益阶段免税，领取时征税。相对于其他国家，英国除了设置每年的免税额度，还设置了个人的终身免税额度。如果私人养老金累计规模超过了终身的津贴上限，超过部分需要支付额外的税。

英国作为欧洲的金融中心，有超过5000家公司专门从事养老基金的管理工作，管理机构众多，金融监管走在全球的前列，对于第三支柱养老金的监督管理也较为完善。英国的就业与养老金部负责个人养老金相关政策的制定和修订，为业务开展提供指导意见。税务与海关总署负责对个人养老金相关税收优惠问题进行解释，搜集相关税收信息。养老金监管局负责监督养老金计划的受托人和管理，防范道德风险。同时，设置养老金权益保护基金和养老金监察委员会，用来协调各参与者之间的矛盾和保障受益人的权益。

关于个人养老金投资范围：存托养老金计划相对简单高效，投资者既可以自己选择投资策略与投资标的，也可以投资于默认基金，并且默认基金是必须提供的，这就缓解了投资者教育不足的问题；自主投资型个人养老金可投资的范围较广，包括单位信托、政府债券、储蓄与投资产品以及商业地产、民用住宅等，值得注意的是，如果投资于民用住宅，是不享受税收优惠的。同时，英国虽然是欧盟国家，但是仍然使用英镑，英镑作为全球货币，其购买力相对稳定，在货币政策与财政政策都自主掌握的情况下，英国养老金体系被通货膨胀侵蚀的趋势暂时不会形成。

英国的存托养老金计划几乎适合所有人参与，无论其是否参加工作，对于自由职业者与低收入人群来说，缴费相对灵活，既可以按周期进行缴费，也可以在任何时候一次性缴纳。英国以其发达的资本市场，积极倡导养老金私有化，为世界提供了养老金私有化的样板。

◇ 德国个人养老金发展

相比于日本与英国，德国的人口老龄化进程相对较慢，但是德国作为欧洲发达国家，也面临着人口老龄化的问题，2019年，德国65岁以上人口占比达到21.56%[1]，其养老金的发展与改革伴随着老龄化的加剧而不断深化。20世纪90年代末，德国退休人员的总收入中有85%来自法定养老保险，即第一支柱养老金。2004年，德国政府启动养老金改革计划，将养老金划分为三个层次。第一层次是享受政府税收优惠的基本养老金，分为法定养老金和吕鲁普养老金，前者面向雇佣劳动者，后者面向个体劳动者；第二层次是享受国家税收优惠的补充养老金，分为企业补充养老金和李斯特养老金，前者类似企业年金，后者类似其他国家享受税收优惠的第三支柱养老金；第三层次是非税收优惠的个人自发建立的养老金。经过这次改革，人口结构的变化能够反映到养老金支付率中，减轻了同期缴费人的压力，达到了代际公平的目的。

德国养老改革相对较晚，其经历的改革历程与中国类似。李斯特养老金可以享受政府补贴和税收优惠，个人或家庭可以根据自身的风险偏好自由选择购买，包括但不限于保险、存款、基金等。但是，李斯特养老金也存在一些公认的问题，在投资者教育尚未成熟的时期，李斯特养老金的计算基础被认为过于复杂，并且不够透明，对低收入人群来说有选择上的难度。2007年，迫于人口老龄化的压力，德国政府进一步延迟了退休年龄，将退休年龄从65岁调整到67岁。

德国政府对于养老金的各项补贴非常多，也呈现了一定的特点。一是养老金账户的资金不能提前支取，也不能一次性支取，只能在达到60岁

---

[1] 数据来源：Wind数据库。

时支取；二是在养老金账户内可以购买多项产品，可选范围较广；三是产品提供商不能损失养老金的账面价值，即名义回报率必须为正；四是储蓄阶段，各类缴费、补贴都是免税的，但是支取阶段需要缴税。

表8-1 德国养老金体系

层次	养老计划	备注
第一层次	基本养老金： 法定养老金、吕鲁普养老金	享受政府税收优惠
第二层次	补充养老金： 企业补充养老金、李斯特养老金	享受政府税收优惠
第三层次	个人养老金	非税收优惠

资料来源：笔者整理。

德国的养老金金融监管相对单一，由德国联邦金融监督管理局来行使监管职责，其还负责监督商业银行、金融服务机构、保险公司以及证券公司等，在德国具有绝对的权威与可信度。也正是因为德国的金融体系采取的是统一监管，其能让各类金融机构平等地参与到第三支柱养老金管理中来，并且平等地对待各类产品的准入条件，享受统一的税收优惠政策。德国的私人养老金业务的发展不及预期，相比于美国、英国、加拿大等发达国家的个人养老金规模与经济体量之比，还有一定的差距，但是，德国的个人养老金市场也有各类金融机构广泛参与，增强了养老金产品的金融属性。同时，各类产品享有相同的产品准入条件，同等享受税收优惠的权利。各类养老金产品相互补充，在一定程度上拓宽了传统养老金融产品设计的思维，具备了普惠金融的特性。

◇ 对中国的借鉴意义

1. 采用更加灵活的税收优惠方式

财税政策是引领中国第三支柱养老金发展的指挥棒，只有采用更加灵活的税收优惠方式,才能够使中国的第三支柱养老金普惠金融属性得到完整体现。由于中国第三支柱养老金目前采取个人所得税递延的方式实施税收优惠,个人所得税的应税人群占比较小,产品覆盖人群较少,不能够很好地体现第三支柱养老金的普惠金融属性,非纳税人群无法享受税收优惠。这就需要财政补贴向中低收入人群倾斜,能够让更多的人享受第三支柱养老金带来的财政税收优惠,扩大整个第三支柱养老金体系的覆盖面,增强第三支柱养老金的普惠金融属性。

此外,可以尝试发达国家实行的个人终身第三支柱养老金补贴上限功能,使第三支柱养老金的参与者在任何一个时间段都能够参与缴费,并且享受财税的优惠政策。对于第三支柱养老金的投资收益,计入税收优惠的总限额。公民以社会保障号码作为唯一标识来享受终身限额优惠,实现第三支柱养老金的普惠金融发展。

财税政策一直是产业发展的指挥棒,可以有效地引导实体产业的发展。同样,合理且富有激励作用的财税政策可以形成示范引领作用,为将来解决居民养老问题提供一定的帮助。更加多样与灵活的财政税收优惠方式,能够使第三支柱养老金公平、普惠地发展,激发个人对第三支柱养老金的投资热情,快速增加人群覆盖比率,减轻第一支柱养老金的压力。

2. 便捷服务模式,丰富养老金产品

对于中国的现实情况来说,第三支柱养老金普惠金融的线下发展有着较大的困难与障碍。社会发展过程中的不均衡与不平衡,使得各地获取线下金融服务的机会并不均衡。只有依靠商业银行强大的网点支持,才能完成第三支柱养老金的账户开立。

同时,中国移动互联网的发展在全球处于领先地位,4G技术的全面普及以及5G技术的快速发展,已经满足了人们获取金融服务的需求。中国人民银行对于二类账户的管理办法,又使得居民可以在线办理二类资金账户。因此,探索第三支柱养老金的普惠金融路径,还应该从移动互联网金融服务的角度入手,通过便捷第三支柱养老金的服务模式,提供全民参与第三支柱养老金的渠道与模式,整体提升养老保障体系的保障水平。

数字经济使区域价格歧视失效。价格歧视一直是厂商生产商品时习惯使用的定价方法,其通过区域价格歧视,来保持自身产品的竞争优势和利润的最大化。随着数字经济的快速发展,一国居民可以在全国范围内低成本地搜索商品信息,区域价格歧视方案失灵。一国商品在一定意义上形成了完全竞争的状态,商品呈现统一定价的趋势,居民的福利损失降到最小(Borenstein 和 Saloner,2001;Fudenberg 和 Villas-Boas,2012;Brynjolfsson 等,2019)。数字技术的发展使得个人养老金业务的价格歧视彻底失效,更加公平普惠。

此外,通过规模效应增加第三支柱养老金的产品种类和数量,有助于满足不同养老金投资者的投资需求。设置不同的投资产品等级,通过测评对应不同的产品体系。专业的投资者可以涉足较高风险的投资产品,来博取高额收益;风险承受能力比较低的投资者,仅限定其投资风险较小、收益稳定的产品。同时,将银行、保险、基金、券商等金融机构的产品纳入产品管理体系,使投资者有更多元化的选择,真正实现第三支柱养老金的个人投资自主权,将合适的产品销售给合适的投资者。

此外,由于个人养老金的试点时间有限,属于新生事物,大众对于第三支柱养老金的了解还不够透彻,需要进一步加强投资者教育,让投资者理解有关财税政策、产品风险、投资规则等一系列问题,避免投资者选择与自身风险承受能力不符的产品,这也是增强第三支柱养老金普惠金融属性的一项重要举措。

3. 推进养老金基金的市场化考核机制

养老金的市场化管理中,排名机制是最有效的防范道德风险的方法。传统的基金管理过程中,基金经理或投资经理的收入与所管理的基金排名有非常强的相关性。基金经理或投资经理有理由尽职尽责地为自己管理的基金提升排名，获取高收入和提升自己的市场价值。但是，在基金管理过程中，也存在基金经理管理多只基金，其中只有一只基金收益较高的情况，无法避免地出现产品收益之间的排他性。

因此，采用养老金市场的管理排名机制，能够更公平地体现投资管理人的市场价值，通过对其管理的唯一养老金基金进行市场排名，形成其有效的市场价值。投资管理人通过尽职工作，获取自己的市场排名。如果投资者认可基金经理管理的养老金产品，会认购其管理的其他产品，提升基金公司的管理收益。这样，资本市场中的机构与养老金产品之间就形成了良性互动。

对于个人养老金投资者来说，其在选购资本市场投资标的的过程中，处于信息劣势地位，并不能够准确地选择适合养老金投资的产品。市场化的排名机制，让个人能够对管理人的既往业绩有一个比较全面的了解，为自身投资决策提供权威依据。有了市场化的排名，投资者可以依据管理人的过往业绩和尽职程度，来选择自己信得过的管理人，也可为尽职的管理人提供了丰厚的回报，形成良性循环。

第 3 节
户籍与社会保障制度改革激发人力资本活力

◇ **户籍制度的历史渊源**

户口,是国家主管户政的行政机关所制作的,用以记载和留存住户人口基本信息的法律文书。中国的户口制度最早可以追溯到两千多年前的春秋战国时期。当时诸国征战,人成为最重要的战争资源,赋税、夫役、兵丁,皆出于人口。秦国在商鞅的主持下进行改革,率先建立了户口登记制度,在一定程度上使秦国获得了强大的财税汲取能力与全民动员能力。明朝将全国户口按照职业划为民户、军户、匠户等籍:民户务农,并向国家纳农业税、服徭役;军户的义务是服兵役;匠户则必须为宫廷、官府及官营手工业服劳役。

中国古代社会,土地资源是最为宝贵的生产要素,也是征收税赋的重要依据,因此,分配土地资源是农业社会中的一项重要工作。如何分配土地资源?不同的时期有不同的方法,但是前提是统治阶级首先搞清楚有多少人口,于是户籍制度就产生了。

中华人民共和国成立以后,逐步建立起了新的户籍管理制度。1958年1月,全国人大常委会通过《中华人民共和国户口登记条例》,第一次明确将城乡居民区分为"农业户口"和"非农业户口"两种不同户籍,奠定了我国现行户籍管理制度的基本格局。随着改革开放的不断推进,社会经济发展水平不断提高,人口自由流动的需求持续推升,原有的"二元结构"户籍管理模式已经不适合新的形势。2013年11月,《中共中央关于全面深化改革若干重大问题的决定》指出，要"创新人口管理，加快户籍制度改革，全面放开建制镇和小城市落户限制，有序放开中等城市落户限制，合理确定大城市落户条件，严格控制特大城市人口规模"。

◇ 社保制度的体系建设

中国是全球第一人口大国，改革开放以后，在以第一产业与第二产业为主的二元经济结构发展框架下，前期的高出生率带来劳动人口的增加，通过提升人力资本的绝对数量，释放了人口红利，提升了经济增长的产出效率，配合以地方政府间锦标赛制度（周黎安，2007）、出口贸易和基础设施建设，在一定程度上带来了"中国经济增长奇迹"。人口绝对数量的提升又带来了养老的结构性问题。中华人民共和国成立初期，形成了二元养老机制，即以国家机关、企事业单位为代表的城市国家保障养老模式，以及以农村人口为代表的耕地产出养老模式。

随着改革开放后的经济快速发展和国有企业改革措施的落地实施，多种所有制经济共同发展，原有的二元养老机制已不符合社会发展情况。1997年7月，国务院发布的《关于建立统一的企业职工基本养老保险制度的决定》规定，城镇各类企业职工和个体劳动者，都应当参加城镇企业职工基本养老保险。现存养老保险制度很好地解决了当前的社会基本养老问题，但是现收现付型的养老保险制度较为依赖劳动人口的有效增长。随着中国开始实行计划生育基本国策，新世纪的适龄劳动人口出现了下滑。一方面是人口老龄化问题将要凸显，另一方面是人口红利的刘易斯拐点到来，人口结构对未来的养老问题构成了挑战。2015年10月，党的十八届五中全会决定，全面实施一对夫妇可生育两个孩子的政策，然而，二孩政策实行后，效果却不尽如人意。中国的人口出生率仅在2016年、

2017年有短暂提升，随后仍然呈现逐年下降趋势[①]。随着经济发展水平提升、医疗体系建设的完善，人均寿命不断提升，中国人口老龄化问题将逐步凸显，老年抚养比从2000年的9.9%快速提升至2019年的17.8%，中国未来将面临加速步入老龄化社会的现实。

反观农村的状况，以耕地养老的方式也面临挑战。随着外出务工人数的增加，中国空巢老人的比例在逐年增高。2000年我国户均人口数是3.46人/户，而2019年，这一数字降到了2.92人/户，65岁以上老人占比逐年升高，空巢老人问题越发突出。

综上，对于中国未来的养老问题应该未雨绸缪，发展第三支柱养老金。无论是外部经济环境，还是内部条件，都已经相对成熟，由此，中国第三支柱养老金应运而生。

中国当前的社保体系是以工伤保险、失业保险、生育保险、养老保险、医疗保险组成的"五险"。其中，对于劳动者来说，最为重要的长期保险是养老保险与医疗保险。这两种保险的缴纳，都是以长期期缴作为退休后能够享受待遇的依据，且都是按照省份来缴纳和统筹。这样一来，人力资本的自由流动受到了社会保障体系的限制，不利于释放人才红利。

◇ 全球移民国家保持经济技术活力的原因

纵观全球，那些能够长期保持经济技术活力的国家一般都有如下几个外部特征。

一是人口年龄结构相对年轻。全球范围内，能够长期保持经济技术活力的国家，一般能够不断吸收年轻人前来就业与打拼，有成熟的吸收与退出机制，年轻人才流动比较自由。

二是没有较大的老年人口负担。其一般具有昂贵的医疗体系，客观

[①] 2016年至2020年出生率分别为：13.57%、12.64%、10.86%、10.41%、8.52%。数据来源：国家统计局。

上促使没有足够收入的退休人员选择去其他地方养老，释放了医疗压力，同时，公共医疗保障体系采取全国通用的方式，商业保险采取全球通用的方式，使得养老看病问题可能跨区域解决。

三是产业集聚效应明显。相比于综合性城市，具有鲜明的产业集聚效应的城市更加能够吸引专业性人才，例如中国香港、美国纽约、英国伦敦以金融行业为集聚行业，中国深圳、美国的西雅图和硅谷以IT行业为集聚行业。具有产业集聚效应的城市，相关的配套基础设施也相对健全。

四是高等教育能够支撑当地人才需求。能够保持经济技术活力的区域，一般都有足够的高等教育体系支撑，通过产学研结合，不断提升产业价值。同时，高等教育的发展，持续支撑当地的人才需求，形成良性循环。

五是国籍、户籍限制较少。部分移民国家采取中低端职位优先选择本地居民、技术含量较高的岗位选择引进人才的方式，吸收了大批移民人才，从而不断地丰富自身的人才结构，提升人力资本的活力。

六是社会保障体系机会成本较小。移民国家多采取以商业保险为主的保障体系，在这种条件下，人力资本可以在一国范围内实现自由流动，其工作地点的变动不会影响其退休后的养老与医疗保障。

◇ 户籍制度改革与人口迁徙

改革开放以后，中国人口发生了几次较大规模的迁徙。首先，是以考试制度为核心的大学生接受高等教育与参加工作的人口迁徙，这一迁徙路径至今仍然存在且畅通。其次，是以我国大规模开展基础设施建设为核心的农民工进城务工迁徙。曾几何时，农民工进城务工一度成为时髦，甚至很多产业结构较为单一和落后的乡村，青壮年几乎全部外出务工。这一人口迁徙是具有时代特色与背景的，基于国家基础设施建设的大量劳动力需求。这一迁徙的方向与目标较为明确，哪里有劳动力需求，农民工就向哪里迁徙。再次，是以一线城市用工需求为核心的人力资本向一线聚集的迁徙。这一迁徙过程，是人力资本自由流动的过程，在这个过程中，人口的迁徙受到了户籍、用工需求、房产价格等的客观限制，并未完全释放相关人力资本活力。最后，是在一线城市学习、工作的年轻人从一线城市向二三线城市的迁徙。随着优质生活配套设施的不断外溢，二三线城市以其相对较慢的生活节奏、优质的生活环境开始不断吸收优质人才。

当下，人口迁徙所带来的经济活力不断被释放，但是，仍然存在很多有待改进的方面。一是除部分一线城市以外的城市应全面取消高校毕业生的落户与就业限制，通过鼓励人才自由流动，提升城市建设的活力。通过降低落户门槛，二三线城市在事实上逐步淡化了户籍制度的概念，形成事实上的居民制度，在一个城市居住的居民，可以享受该城市的社会福利。二是通过产业迁徙而非户籍制度来限制一线城市的人口。一线城市历来是人口流入的重点地区，其根本原因是一线城市集聚了大量的工作机会，这些机会是产业集聚的结果。产业在扩张，想通过户籍手段调控人口是不现实的，唯有将产业疏解才能解决问题，无论是采取税收引导的方式，还是其他手段，人都是会随产业走的。三是加强城市基础设施建设，提升城市幸福感的均衡化。解决好发展不均衡、不平衡的问题，是能够全面放开户籍制度限制的前提条件，城市的基础设施、教育、医疗等的配套能够得到均衡化的提升，人口的迁徙就会逐步趋于稳定。

◇ 第三支柱养老金走向舞台

1. 形成完备的三级养老保障体系

世界银行最早于1994年提出了养老金体系的三支柱模式，三支柱养老金即以社会基本养老金为代表的第一支柱养老金、以企业年金为代表的第二支柱养老金和以个人养老金为代表的第三支柱养老金。但是，西方学界并没有明确提出第三支柱养老金的定义，学者董克用（2020）对第三支柱养老金的定义为，政府依据相关法律法规，通过财税政策支持、引导全体经济活动人口建立的，以个人养老为目的的，个人自愿参加并主导的积累型养老金制度。

与之相匹配，第三支柱养老金应该具备四个基本的特征。

一是以养老为目的。第三支柱养老金是为居民养老而准备的，不能成为金融市场投机的渠道与路径，更不能成为避税、漏税的方法。

二是以个人为主导。不同于第一支柱与第二支柱养老金，第三支柱养老金应该是以个人为主导，由公民自愿选择参加和缴费，自主选择管理机构与产品，拥有完全的自主权。

三是具有个人累积的特点。不同于城镇基本养老保险，第三支柱养老金强调个人账户制度的特点，所有权益归个人所有，不存在代际与区域间的调配，让个人更有动力进行缴存。

四是享受财税政策支持。第三支柱养老金的发展受到财税政策的引导，正是由于财税的优惠政策，覆盖群体才能够提升，使得第三支柱养老金体系成为养老保障体系中的重要组成部分。

第三支柱养老金又被称为"个人养老金"，是对中国现有的第一支柱养老金及第二支柱养老金的有效补充，也是社会保障体系的重要部分，是中国养老金融体系的有机组成部分。它遵循个人自愿的原则，采用基金累积制度，通过个人账户进行投资与管理，可以获取部分税收优惠。2018年4月，五部委联合发文《关于开展个人税收递延型商业养老保险试点的通知》，决定实施个人税收递延型商业养老保险试点。试点方案对取得工资薪金、连续性劳务报酬所得的个人和个体工商户实行税前扣除商业养老保险缴纳金额的政策。通过税收递延调节的方式，鼓励个人主动开展养老储蓄，并可选择投资标的进行长期投资。这是中国开展第三支柱养老金试点迈出的第一步，也是中国个人税收递延型个人养老金发展的开端，具有里程碑意义。

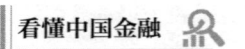

2. 第三支柱养老金是养老金体系的有益补充，缓解养老金领域不平衡问题

在社会发展过程中，各国都面临一个相似的问题，经济的繁荣与人口老龄化相伴而生，现收现付型的社会养老保障制度在特定的历史条件下，无法继续承担社会保障的全部替代职责。以中国为例，第一支柱养老金的替代率正在下降，一方面是中国老龄化问题逐步凸显，另一方面是老年抚养比不断提升。此外，企业职工的第一支柱养老金替代率正逐年下降，是当前社会基本保障所面临的主要问题。根据现有的人口结构，随着时间的不断推移，可以预见未来的30～40年，中国实行多年的社会保障体系替代率将会继续逐年下降，完全依靠第一支柱养老金并不能够满足所有人的需求。

第三支柱养老金最为重要的定位，就是对社会现有的养老保障体系的有益补充，解决养老金领域的不平衡、不均衡问题。与此同时，第三支柱养老金还承担了覆盖更多人群、解决自由职业者养老金问题的使命。第一支柱养老金不能够实现全覆盖，第二支柱养老金主要是部分大型企业的福利，第三支柱养老金应该解决第一支柱养老金、第二支柱养老金无法覆盖的人群的养老金问题，这也是第三支柱养老金的重要职责。

3. 第三支柱养老金是社会信用体系建设的组成部分

第三支柱养老金作为社会保障体系的一个重要组成部分，还应该充分发挥在社会信用体系建设中的作用。信用体系建设是一个社会发展的重要组成部分，任何一个公民在社会中生活、学习、工作，都离不开信用体系。信用体系的建设包括个人在金融机构的信用情况，也包括个人在社会中活动所涉及的方方面面。

将第三支柱养老金的缴存情况作为信用体系建设的有机组成部分，使其同住房公积金、信用卡还款、个人住房按揭贷款等信息一道，作为证实个人信用状况的一种工具，不仅可以丰富信用体系的信息来源，还可以延长个人的信用活动年限，提升人们主动开展第三支柱养老金缴存的意愿。随着年龄增长，大多数人的收入增幅有限甚至呈现下滑趋势，个体所能够参与的信用活动将会逐渐减少。第三支柱养老金的缴存活动与支取流水，作为其未来现金流的辅助证明，能够使其参与更多的社会信用活动。

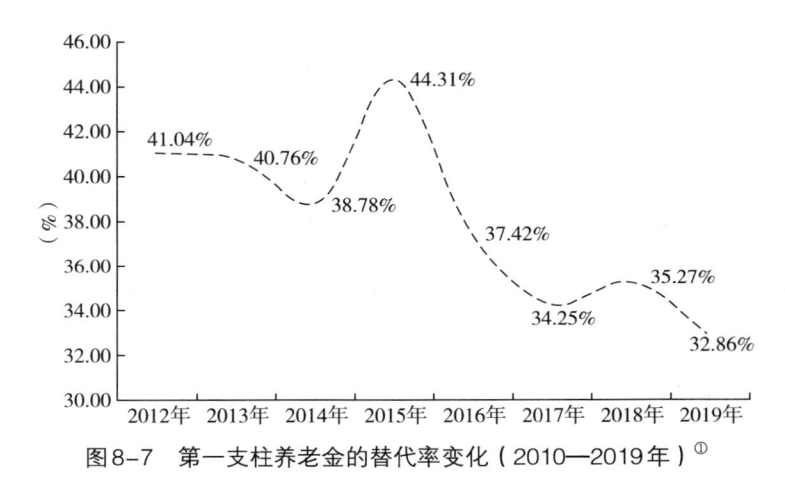

图8-7　第一支柱养老金的替代率变化（2010—2019年）[①]

资料来源：笔者整理。数据来源：Wind数据库。

将第三支柱养老金纳入社会信用体系建设的组成部分，可以拓宽社会信用体系的数据来源，全方位展现个人的信用状况，形成良性循环。

4. 第三支柱养老金提高国民储蓄率，降低社会杠杆率

尽管第三支柱养老金属于个人投资范围，但是其具备一定的公共属性。个人缴纳第三支柱养老金，也在一定程度上减轻了未来社会承担的社会保障成本。在普惠金融发展的大原则下，同等条件下其应该在资本市场中有限地获取一定的便利，以降低投资者的交易成本。以第三支柱养老金的投资环节来看，设定产品托管行的托管手续费、基金管理人的管理费上限等，都能够在个人养老金的资金流转环节降低成本。此外，因为个人养老金也具备一定的公共属性，所以在资本市场的国债申购、

---

① 替代率 = $\dfrac{\text{当年基本养老基金总支出}/\text{当年参保离退休人数}}{\text{城镇非私营单位在岗职工平均工资}}$

新股申购等方面，应该赋予其一定比例的优先认购权。该比例的设置，在一定程度上可以实现投资者的资金保值增值，吸引个人参与者，变相提升个人储蓄率。由于第三支柱养老金采取封闭式管理，退休之前无法支取，因此，在一定意义上，其可以降低社会整体的杠杆率。

从图8-8可以看出，中国国民总储蓄率在2010年之前一直处于上升阶段，2008—2010年达到顶峰，随后总储蓄率一直下降。与此形成鲜明对比的是，居民杠杆率一直处于上升阶段。第三支柱养老金的发展，在一定程度上可以缓解居民储蓄率下降和居民杠杆率上升过快的问题。第三支柱养老金为个人提供了新的现金保值增值渠道，是对加杠杆购房投资等形式的替代，也反映了落实"房住不炒"要求的重要思路。

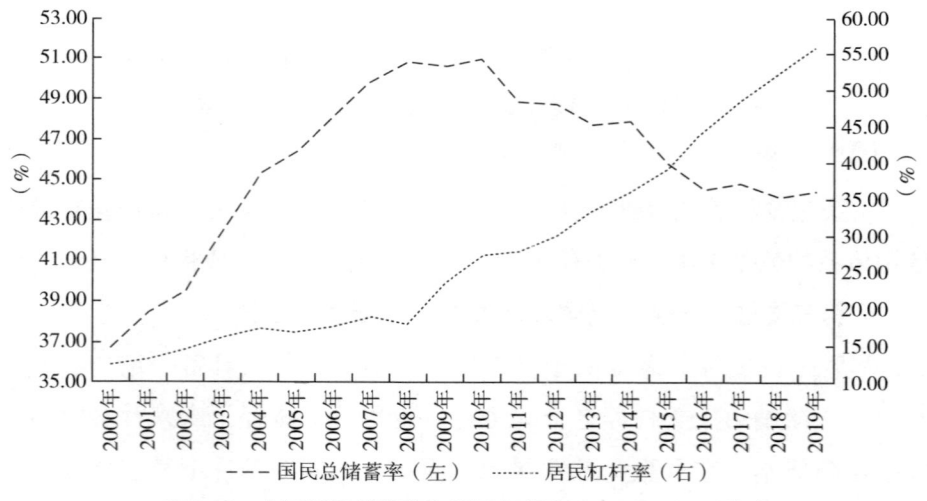

图8-8 中国国民储蓄率与居民杠杆率（2000—2019年）
资料来源：笔者整理。数据来源：Wind数据库。

第三支柱养老金除了是居民财富保值增值的渠道，还是金融市场稳定的压舱石。在完善第三支柱养老金制度建设的同时，资本市场的基础制度也会逐步完善，形成相互补充。养老金具有投资周期长、能够穿越长周期等特点，可以在资本市场下行期逆势操作，成为熨平资本市场周期的稳定器，使得资本市场的波动更加平稳，市场节奏更加健康，制度建设更加完善。

◇ 实现跨区域的养老、医疗保障体系

人口能够自由流动，养老保险与医疗保险能够完整地跨省自由转移，是完整释放人力资本活力的社保体系改革的必经之路。第三支柱养老金与商业医疗保险都有助于实现全国范围内的人才自由流动。随着养老金的接轨与医疗保障体系的完整对接，未来将能够逐步实现人才在机构间、区域间的规范流动。人力资本的自由流动，可以激发经济的整体活力，实现经济增长的人力资本红利。

第9章
数字经济与数字货币

第 1 节
从金融本质看民间"数字货币"[①]

2017年9月4日,中国人民银行等七部委联合发布了《关于防范代币发行融资风险的公告》,对境内民间"数字货币"交易予以风险防范要求。境内各家民间"数字货币"交易场所于2017年9月30日之前全部停止交易。至此,民间"数字货币"交易所在中国正式成为历史。过去炙手可热的民间"数字货币"到底是否具备成为货币的条件,能否充当交易媒介,这要基于金融的本质来分析。

---

① 本文刊于《中国银行业》杂志2022年第6期,选入本书时有删改。

◇ **使用价值与信用背书**

马克思曾说过："金银天然不是货币,但货币天然是金银。"在漫长的货币历史长河中,金银在相当长时间内行使着货币职能。尽管没有任何机构或个人为金银进行信用背书,但黄金、白银作为贵金属,自身具有使用价值,具有普通商品的一切属性,其作为货币所表征的价值等于自身的使用价值,所以金银能够在很长一段时期内稳定地充当一般等价物。民间"数字货币"同金银一样没有信用背书,具有不可被复制、可细分等特点,但其与黄金的最大不同在于自身没有使用价值,民间"数字体系"是被一整套体系计算出来的数字符号,符号本身不具有任何使用价值。因此,民间"数字货币"不具备现代货币的信用背书特点,且自身不具有使用价值,不能充当一般等价物,也不能作为交易媒介。

◇ **发行速度与经济增长**

历史上很长一段时期内,金银的开采速度与经济增长速度大体相当,金银作为货币还能够在一定范围内调节市场可能发生的通胀或通缩,这是历史发展进程中大自然赋予人类的一种天然货币。随着工业革命的大发展,全球经济呈现几何式增长,有限的金银开采与高速增长的经济之间就形成了矛盾,金银充当全货币的时代就此结束。同样,民间"数字货币"吸引广大投资者的一个很重要的特点就是其总量有限,以保障不会发生通货膨胀,根据"劣币驱逐良币"的规律,一种通缩的货币,只要多持有一段时间,其购买力就会提升,所有的理性人都会将这种"货币"收藏起来,以获取更多的持续不断的购买力提升,这种"货币"也就无法再充当货币。一种正常的货币应该保持币值相对稳定,或是轻微的通胀,以刺激消费,拉动经济的稳定增长。显然,民间"数字货币"

无法实现发行速度与经济增长相匹配，也就无法成为法定货币，更不用说促进经济增长。

◇ 可替代性与铸币收益

民间最早被认可和广泛交易的"数字货币"是比特币，无可置疑，比特币的算法非常先进和强大，但是，这套算法也是开源的，世界上任何一个人对这套算法稍加修改，就可以设计出一种新的"货币"出来，这就好比一种货币是由一台非常先进的印钞机印制的，印钞机的图纸却是公开的，任何一个人设计好自己的防伪标识就可以开始印制钞票，并向全世界宣布这种货币是不可被伪造的。民间几乎所有"数字货币"都采取了区块链技术，不可被复制，最后，就成了所有人都可以生产"货币"，生产出的"货币"能否被使用就取决于该货币生产者能否讲一个动听的故事去吸引追随者。民间"数字货币"的发行者可以在早期以非常简单的方法获取大量该"货币"，待形成二级交易市场以后开始抛售，获取大额"铸币税"。民间"数字货币"品种杂乱，任意发行，市场混乱，与货币的权威性、唯一性完全不符。

◇ 货币职能与交易监管

从货币的本质来看，在经济发展进程中货币发挥着四大基本职能：交易媒介、价值尺度、价值储藏、支付手段。首先，民间"数字货币"大多是通缩的货币，持有者希望通过更长时间的持有来获取更多的购买力，因此所有"货币"持有者都持币待望，民间"数字货币"无法实现交易媒介的职能；其次，民间"数字货币"币值波动较大，商品生产商无法通过民间"数字货币"采购原材料而后为商品定价，因此以民间"数字货币"标价的商品无法形成一个相对固定的价格，民间"数字货币"也就无法实现价值尺度的职能；再次，民间"数字货币"受各国政策的影响，与法币的兑换价格波动性较强，甚至在一些国家还将受到税务等部门的调查，不是价值储藏的优先选择；最后，民间"数字货币"的支付功能还基本处于概念阶段，没有任何一个国家或地区能够收到民间"数字货币"的铸币税，也就没有任何一个国家或地区的政府机构愿意投资于民间"数字货币"的基础设施建设，其被广泛应用也就遥遥无期。所以，民间"数字货币"无法实现正常货币所须承担的各项职能。

◇ 科技光环与庞氏骗局

区块链技术是一种去中心化、公开透明的互联网数据库技术，最早是民间"数字货币"比特币的基础技术，区块链技术自带科技光环。但民间"数字货币"符合庞氏骗局的几大特征。首先，承诺可以让投资者获取高额回报，民间"数字货币"成型之后大多具有完备的二级市场交易平台，个别能够具备优良的流动性，同时又具有通缩的特性，从侧面向投资者宣扬了其可以不断升值的特点，而震荡回调又为这种不断升值增添了可信度，从而让投资者深信这是科学的投资，具备一定的市场风险。其次，投资者的收益依靠后来人的投入，民间"数字货币"不涉及任何实业投资，因此投资者的收益只能依靠后来者的投入，而算法的设计体系又使得越早进入的投资者通过算法获取货币的难度越小，而后来者则需要不断增加设备投入挖取数字货币或是在二级市场上高价收购。最后，投资的反周期性，理论上来说任何投资都有其周期性，收益率随着周期的变化而波动，但是民间"数字货币"却不具有任何周期性，其与法币的兑换价格完全由市场供求来决定，遇到各国政策对民间"数字货币"放松或是收紧的时候，有一致性预期的波动，同经济周期没有相关性。因此，民间"数字货币"是头顶科技光环的改良版庞氏骗局，惟妙惟肖的方案设计使得其骗局本质被货币的表象所掩盖。

一般的庞氏骗局在被市场揭穿之后会瞬间崩塌，但民间"数字货币"作为庞氏骗局，在被市场声讨之后，仍然能够继续维持其市场地位，并被无数人追捧，主要原因在于其独特的设计。一是其选择带有科技光环的货币作为工具，让追捧者认为通过法币购买另一种货币是一种等价交换；二是区块链技术设计去中心化，追捧者认为货币体系限制了超发这种数字货币的可能性，从而不会造成通货膨胀，使这一"货币"丧失价值；三是民间"数字货币"要靠"挖矿"来获取，追捧者会认为其本身包含必要劳动时间，具有价值；四是上百年间，全球经历了数次纸质钞票的通货膨胀，民众对于纸质钞票的信任感有所降低，期待一种天然的公平货币；五是既得利益者为了维护自身财富价值，持有大量民间"数字货币"，或者希望通过民间"数字货币"洗钱、逃避制裁的组织或个人希望维持这种骗局，以避免自己的财富缩水。

◇ **社会危害与市场冲击**

从金融本质来看，民间"数字货币"无法成为真正意义上的货币。与此同时，民间"数字货币"还对社会造成了一定危害，对金融市场造成了一定冲击。

首先，民间"数字货币"挑战了法币的地位。一个国家的法币地位不容挑战，民间"数字货币"的推广，无疑是对法币的一种挑战，每一种民间"数字货币"的制造者都能够获得可观的"铸币收益"，这是不被任何国家和地区的政府或当局所允许的。

其次，投资者承担与自身风险承受能力不相符的风险。投资者将民间"数字货币"作为货币同法币进行交易、投资，但民间"数字货币"本身是没有使用价值的，这就决定了其投资风险大大提高，再加上政策风险频升，投资者所承受的风险远远超出了其投资时所了解到的风险。

再次，"挖矿"浪费现有自然资源。获取民间"数字货币"的直接渠道是"挖矿","矿机"是各种高运算能力的运算机器,体系的设计通过消耗越来越多的算力,来提高获取"数字货币"的难度,而这些计算毫无意义,白白浪费了很多电能和设备,隐藏在背后的是大量的自然资源被消耗。

最后,造成洗钱与大量跨境资本流动。由于民间"数字货币"的无国界通行,其成为很多跨境资本转移的工具。一方面,人为地以一国法币购买民间"数字货币",然后到目标货币使用国的民间"数字货币"交易市场将其兑换成目标货币,从而规避了资本流动管制;另一方面,两国民众又可以作为这种行为的对手方,进行跨市场套利。民间"数字货币"所具备的匿名特性使得其成为洗钱的工具,由于不受监管,更是成为恐怖主义、毒品贩运、走私行为用来保值与交易的工具。

第 2 节
数字货币与金融安全——兼论Libra数字货币的发展

2009年"比特币"诞生，区块链技术得以快速发展。经历十余年的探索，区块链技术的安全性、匿名性得到了广泛认可，其能够很好地存储信息、簿记交易，在金融领域的应用前景广阔。比特币在过去十年的发展历程中，在反洗钱、资本管制等方面对许多国家造成了挑战，我们至今甚至不知道比特币的真实创造者是谁，以及他手中的大量比特币是否已经变现。2019年6月，Libra白皮书正式发布，美国社交网站Facebook牵手多家西方国际商业巨头在瑞士日内瓦成立了Libra协会，利用数字加密技术创造了一种全新的货币——Libra，以实现无国界的低成本货币支付功能。

根据Libra白皮书的内容，Libra的创造是为了实现全球范围内的普惠金融，以低成本的交易费用实现跨越空间和时间的快捷金融服务。Libra拟采用低波动性资产为其背书（如稳定且信誉良好的中央银行提供的现金和政府证券），以保障其币值的稳定。当授权经销商以等值的现金或政府证券支付给Libra协会时，Libra才会被创造；当经销商将Libra归还给Libra协会时，可以换回等值的现金或政府证券，Libra协会充当"流动性提供者"和"最后买家"的角色。

含着金钥匙出生的Libra在设计理念、技术安全、运行机制等方面堪称完美，从全球范围内个人的角度来看，接受Libra作为货币只是时间的问题。对于主权国家央行来说，Libra为本国货币的竞争者，全球范围内的强势货币发行央行必然不希望有其他货币来挑战主权货币的地位。但是，由于全球化的发展，Libra的发行与使用可以先在一些金融监管政策更加开放的国家展开，这也是 Libra 协会注册在瑞士日内瓦的主要原因。Libra 推出后，随着全球范围内个人支付习惯的逐步养成，Libra 可以倒逼强势主权货币发行国逐步放开本国政策。从货币的职能来看，相比于之前的比特币等数字货币，Libra 似乎更加符合货币的基本职能——价值尺度、流通手段、储藏手段、支付手段，Libra 几乎具备了传统货币应具有的所有基本特征。但是，从另一方面来说，我们也不得不正视这个"完美"数字货币光环下孕育的危机与问题。

1.劣币驱除良币

尽管 Libra 协会一再强调 Libra 仅作为全球金融体系的有效补充，不会影响主权货币，但不可否认，一旦 Libra 在一定范围内成为良币，人们为了所持有的货币能够保值增值，会尽量将超发货币或战乱国家的货币兑换成 Libra，以实现资产的区域风险对冲。在该区域，理性人不会使用 Libra 进行交易，Libra 也就不具备了流通手段职能，成为收藏品。该国 Libra 经销商为了获取更多 Libra，就必须使用本国货币兑换外汇，向 Libra 协会购买 Libra，该国的外汇储备因而有所下降，战乱国家更是无法建立自己稳定的货币金融体系。从本质上来看，Libra 协会通过 Libra 的大范围使用，将一些国家多年通过辛勤劳动创造的外汇储备全部收回。通过这种方式，西方国家轻易地享受了发展中国家的无偿劳动，在全球贸易分工中，贸易顺差国最后将持有大量商业信用背书的数字货币，且这种无国界的数字货币很难在一个开放经济体中被政策所禁用。

2.Libra 挑战主权货币

从主权货币诞生之日起，就由国家机器来发行货币，无论是使用等值的金银作为金属货币，还是使用纸张来印制钞票，铸币收益全部归国家所有。国家通过法律来强制使用本国货币，通过主权信用来保障货币的价值，任何机构和个人未经允许，都不得发行主权货币。Libra 的诞生，无疑打破了这一规则，按照 Libra 的白皮书所述，Libra 背书所用的现金及政府证券的利息收入归 Libra 协会会员所有，这些都属于Libra协会会员的铸币税收入。Libra的使用，势必增加流通中的现金，一国为了保持本国货币政策的稳定性，主权货币发行量就要减少，政府获取的铸币收益也将降低。同时，国家机器发行货币并在本国强制使用是公认的稳定货币发行方式，即使一个地区遭遇政权更替，持有法币民众的合法权益往往也能够获得一定的保障。

Libra的发行是以松散的协会形式来完成的，随着时间的推移，若协会会员单位因为国家政策、技术进步、行业轮动等原因步入萧条期，其可能通过持有的投票权在Libra协会中做出具有"道德风险"的决策，这些都是商业信用中所蕴藏的不确定性风险。第二次世界大战后布雷顿森林体系建立，该体系是以美元和黄金为基础的金汇兑本位制度，全球主权国家都使用黄金来兑换美元，美联储成为"最后买家"。1973年，布雷顿森林体系瓦解，美元与黄金脱钩，但是该体系下的大量黄金储备都留在了美国。一国主权信用货币在面临利益决策时尚且选择违约，何况Libra的币值是基于商业联盟信用，其比主权信用更有瓦解的可能，届时为流通中Libra背书的信誉良好国家的现金和政府证券资产将被永远留在Libra协会成员的手中。

3. 警惕金融武器输出

传统战争是负和博弈，随着全球一体化的发展，各国之间的经济、金融一体化加深，一国金融体系成为国家稳定与安全的软实力保障。很多国家在增强自身国防实力的同时，往往忽略金融的软实力建设。以1997年亚洲金融危机为代表，传统金融投机行为在短时间内能够击垮一国货币体系，甚至影响一国经济发展的稳定。金融科技的发展，能够通过数字货币将金融触角成功伸入全球任何一个国家。当两国发生冲突或矛盾时，一国通过标记他国居民所持有的数字货币，使其对外支付失效或对内严重通货膨胀，短时间内击破该国金融货币体系，使得内部不稳定因素增加。在制裁条约下，该国缴纳的用于数字货币背书的稳定资产也就无法取回，从而达到"不战而屈人之兵"的效果。倘若未来Libra在全球范围内大规模使用与流通,在将来特定的历史时期,当面临Libra的全球通货膨胀或是对某一地区的"数字货币"制裁时,民众在与Libra协会的博弈中,最佳策略仍然是被动接受Libra协会及其背后的主权力量所采取的措施,全球Libra持有者为该货币体系缴纳额外的"铸币税"。

4. Libra影响全球范围内数字货币规则

Libra的发行,可能改变全球范围内的数字货币发行规则。当前,全球央行都在加紧研究数字货币,一般都是基于央行背书的区块链数字货币技术,与Libra在金融本质上有着区别,在技术上却无较大差异。其更像是一国央行发行了电子现金,具有与流通中的纸币存在等价互换的主权保障。Libra抢先在各国央行发布本国主权数字货币之前推出,无论是二次开发者平台还是技术适配原则,都是规则的创造者。各大支付平台将基于Libra进行系统开发改造,以支持Libra的使用。未来各国央行发行的主权数字货币,若想要短时期内在全球范围使用与推广,最佳选择仍然是遵循Libra的各项技术与金融规则,以最大限度地降低推广成本和加快推广速度。Libra创造了一条全球化的支付规则,其他数字货币发行的最佳选择是仍然使用该规则,并向规则制定者缴纳一定的费用。

学术界一直有"特许经营权假说",一国发展的重要领域通过国家发放牌照来实行特许经营,通过特许经营来维持安全与稳定,并不一味地追求效率与公平。经济增长促进了金融自由化的发展,各家金融机构的特许经营权价值逐步下降,但主权央行的特许经营权却从未受到挑战。Libra的推出是对各国央行特许经营权的冲击,使各国的资本管制、货币政策传导、税收征收以及反洗钱等工作都不同程度地增加了难度。同时,Libra的发展存在监管套利的机会,游离于不同国家的监管政策之间,没有一个强有力的监管机构能够实现对Libra的全球监管,这对各国的金融稳定是一种较大的威胁。未来,健康的数字货币金融秩序应是技术回归本源,通过新的金融科技来提供便捷与安全的金融服务,但科技不能够打破原有的金融规则与秩序,否则将积累系统性风险。

Libra作为数字货币的尝试，一经宣布，就在全球范围内引起了热议，这是对主权货币的一次挑战，也是对金融开放的一次冲击。一方面，其采用金融科技保证Libra的安全性与普惠性，利用全球范围内监管政策的差异，能够实现资本自由流动、交易匿名等功能，在全球范围内将受到一定追捧，Libra协会创始成员公司也能收取该货币的巨额"铸币税"；另一方面，Libra采用商业信用背书，类似中国宋朝的交子，与主权信用仍然相距较远，且易于被其他商业联合体模仿发行模式，币值随着各国监管政策的变化而波动，同时面临反洗钱等众多问题。

第 3 节
信用扩张、数字经济发展与稳增长

过去四十多年，中国经济持续强劲增长，成为全球经济增长的重要动力引擎。随着近年来中国城镇化率的不断提升，传统基础设施建设带动经济持续增长的模式长期来看难以为继。人口绝对数量红利的调整，使单一要素投入推升经济增长的模式亟待改变，经济增长将更多地依赖全要素生产率的提升。近年来，中国成为全球最大的移动互联网经济体，拥有最大体量的客户规模与最丰富的数据资源，数字经济发展已成为我国稳增长的重要支撑力量。

2022年5月17日，全国政协召开"推动数字经济持续健康发展"专题协商会。会议指出，要努力适应数字经济带来的全方位变革，提高综合国力和国际竞争力。那么，数字经济未来将在中国经济增长中起什么作用？数字经济的发展对稳增长有什么结构性影响？信用扩张从哪些方面对数字经济发展提供加速支持？

◇ 数字经济在稳增长中的重要作用

数字经济的外延较为宽泛，是线上消费经济、线上服务经济与数字技术带动的经济规模总和。数字经济对于资源的高效配置，可以超越时间与空间，客观上提升了资源配置效率。中国数字经济的发展得益于移动互联网的快速普及与市场潜力的充分发掘。数字经济的快速发展，降低了居民的商品搜寻成本，实现了随时随地、全天候的居民消费。从广义的数字经济概念来说，中国数字经济对整体经济的贡献率已经超过了

36%。伴随着5G基础设施的不断完善，中国将在未来逐步实现万物互联，建成智慧城市。数字经济在稳增长中的贡献不可估量，并将在未来一段时期持续推动中国经济高效、绿色增长。在这个过程中，应充分利用数字经济在规模效应、非竞争性、提升效率等方面的特征，助力中国经济高质量发展。

1. 数字经济具有产出规模效应

区别于传统经济的排他性，服务业的数字经济具有非竞争性的特点，一个人对某项服务的使用，不会影响其他人的使用。所有人在数字经济面前都是相对公平的，实现了传统经济所无法达到的近似帕累托改进。同时，数字经济挤出了市场中原有的特权经济等非市场行为经济模式，有利于提升市场效率。此外，单纯的服务类数字经济的边际成本几乎为零，具有完全的规模经济效应。在边际投入极低或为零的情况下，产出随着用户的数量而不断增加，这在传统经济学中是不能够解释的。数字经济服务体系中，边际成本与边际利润相等的情况几乎不存在。因此，服务业数字经济具有非竞争的产出规模效应。

2. 数字经济推进产业升级

基于数字经济平台体系的创新成本被压缩，传统的创新所需要付出的固定成本与边际成本都被省去。数字经济平台模式中，一个创意从产生到落地实施，时间可以非常短，成本也可以非常低。中国数字基础设施的发展，在过去十年间进入了快车道，随着数字基础设施的完善，基于平台的数字服务经济将多点开花、百花齐放。中国的服务产业结构升级，很大一部分依托数字经济，通过数字经济的非竞争性与规模经济效应，提升了自身在产业链中承担的职能。依靠数字经济发展，中国在全球产业链中的位置实现全面上移，在创新、协调、绿色、开放、共享的新发展理念指导下，加快构建新发展格局。

3. 数字经济提升居民福利效应

区域价格歧视策略一直是厂商销售商品时习惯使用的定价方法，有助于厂商实现利益最大化。数字经济模式的快速发展，打破了厂商利用信息不对称获取超额收益的渠道。消费者可以在全国范围内实现低成本的产品搜寻，实现自身利益最大化。搜寻成本降低，商品能够实现跨区域销售，区域价格歧视策略失灵。一国商品在一定意义上形成了完全竞争的状态，商品价格呈现统一定价的趋势，居民的福利损失降低到最小。这一厂商价格歧视策略的失效，尤其使得中小城市的居民福利效应获得提升。

◇ 数字经济对稳增长的结构性影响

1. 助力农村经济高质量发展

伴随经济的发展，农村开始落实数字经济。数字经济使得大量人力资本能够利用数字经济活动来释放生产力，中国因此诞生了很多"淘宝村"，形成了农业数字化转型的新产业、新模式。在这个过程中，人力资本作为生产要素实现了完全的自由流动，提升了经济效率。

2. 促进第三产业发展与结构优化

中国数字经济发展始于第二产业，兴起于第三产业。第三产业的服务经济数字化，使得有效服务能够集约化，受益人群更加广泛，边际成本极低。同时，第三产业经济结构发生了微妙变化，其外溢性较强，可以在全球范围内提供数字化服务，从而提升经济增长的外部性。这使得第三产业不再拘泥于传统的线下服务经济，产业结构得到快速升级。

此外，数字经济在第三产业的发展也将有效促进实体服务产业升级。由于线上服务的可复制性与价格双轨制的特点，一些线下实体服务业受到冲击。当前，实体服务业正积极求变，采取线上与线下相结合的形式，将线上服务作为线下服务的有益补充，可满足不同人群的需要。推动第三产业的主动数字化转型，是服务经济在变革中生存的必经之路。

3. 促进经济效率结构性提升

中国过去四十多年的经济增长，得益于人口红利的持续释放及金融周期的有益补充。在数字经济发展过程中，大数据作为数字经济中重要的生产要素，对劳动力的替代效率极高。产品生产和销售过程中，掌握大数据的机构将能够参与收入分配。未来，在数字经济的发展过程中，掌握数据资源和渠道资源，就类似于掌握了厂房、工人等生产要素。因此，数字经济有效促进了经济效率的结构性提升。发展过程中的大数据安全以及渠道的可控性是需要着重考虑的因素，不同于其他生产要素的可见性，大数据的可复制性较强，渠道入口存在被垄断的可能，安全与公平是大数据参与生产要素分配的重要前提。同时，数据资源与渠道资源作为新的生产要素，需要通过数据治理来规范，防范无序扩张下的收入分配不均衡。

◇ 加大数字经济领域的信用扩张力度

不同于传统的基建项目依靠建筑工程来带动上下游的产业发展，数字经济具有绿色、可持续的特点，完全符合新发展理念的要求。那么，信用扩张会在哪些领域精准地为数字经济发展提供加速支持？数字经济领域的信用扩张又能带来哪些效用呢？

1. 信用扩张通过数字基础设施建设实现稳增长

数字基础设施建设带动了一大批线上资源的发展，大数据降低了搜寻成本，完美地实现了供给与需求的结合。数字基础设施建设不是传统的基建项目，而是以5G技术、大数据、人工智能等为载体的数字化基础层的建设，同样可以有效带动消费与就业。就外延而言，数字基础设施建设又涉及新能源、新材料及应用领域配套设施、无人化配套设施等，是整个智慧城市与能源体系的改造。未来，数字经济领域的信用扩张精准释放在数字基础设施建设领域，提升数字经济比重，将可能实现新一轮的经济结构调整，带动更多的经济产出，实现稳增长。同时，数字经济领域的信用扩张可以有效践行绿色金融的理念，融资机构承接绿色金融资产，提升绿色金融的比重。需要注意的是，要做好数字经济领域基础设施建设的顶层设计，防范重复建设，实现数字基础设施建设与实际需求相匹配。

2. 信用扩张支持消费迭代与商业模式重塑

数字经济可以为消费者提供丰富的消费产品，实现全国统一市场。信用扩张在支持数字经济消费迭代、商业模式重塑等方面有重要加速作用，在促进数字经济与实体经济深度融合方面大有可为。新冠疫情对各国经济都产生了严重冲击，中国的数字经济结构短期内实现了迭代升级，有效提升了依托数字经济的各类消费，对外部冲击形成了一定抵御，并且对居民服务消费升级、结构优化与需求挖潜产生了较好的促进作用，提升了社会整体福利效用。依托数字化的消费模式转型升级，移动互联网在疫情期间对防疫模式和商业模式进行了重塑，使得数字经济的重要性与战略性大大提升。未来，随着数字经济与实体经济的进一步融合，数字经济不仅可以与线下消费需求深度融合，还可以创造出新的数字消费需求。在这个转型升级过程中，需要防范数字经济资本对实体经济的侵蚀，二者要相互融合、优势互补，一方的增长不以另一方的衰退为代价。

3. 信用扩张支持平台经济实现产出的长尾效应

数字经济的发展往往是平台化、指数化的，通过数字经济领域的信用扩张来支持平台经济的发展，既符合中央的相关要求，又可以孵化数字平台，吸收更多的市场参与者，通过资金杠杆实现指数效应。同时，数字经济的发展带动了上下游产业的发展，即便是以大数据为基础的经济活动，其上游的数据搜集、整理、存储，下游的数据挖掘、使用、变现，也都有很长的产业链条，产业链条中任何一环都能够为稳增长提供支持。信用扩张可以通过平台经济实现多元产出的长尾效应，有效带动一系列的数字产业发展，且这种发展是绿色的，不以牺牲资源和环境为代价，符合构建新发展格局的要求。平台经济的健康发展需要相关的规范体系，在透明、可预期的监管下，其可以有效提高我国数字经济的国际竞争力。

综上，数字经济在稳增长和调结构中起到了重要作用，对稳增长是重要支撑。信用扩张对数字经济基础设施建设有重要的促进作用，支持消费迭代与商业模式重塑，实现平台经济产出的长尾效应。未来，要加强关键核心技术攻关，把发展数字经济自主权牢牢掌握在自己手中，中国数字经济发展大国的地位稳固，发展前景更加广阔。

后记

知中国，服务中国

在本书即将付梓之际，感慨颇多。从读书时算起，我从事经济研究工作已经十几年，对中国的经济形势、社会改革进程、金融市场发展有了较为完整的认知框架，在这个框架内，总结了一些规律，有了自己的一些见解。

在我学习、成长的过程中，"知中国 服务中国"这句话一直激励着我对这个国家保持着深深的热爱，并热切期盼自己在学习和工作中，不论从哪个维度，都能够为这个国家贡献自己的力量。

所谓"知中国"，亲吻土地，方知泥土芬芳，一个人不可能坐在屋子里了解国家的经济发展情况。

一件小事至今仍然让我记忆犹新。在我很小时的一个初春，我跟着大人去农村，一位叔叔指着冬小麦苗对我说："孩子看看，认识这个是什么吗？"尚未上小学也从未经历过农村四季的我，只能将其与韭菜关联起来，并引来了大家的阵阵大笑。此后，在我成长的过程中，读书与实践相结合被重视起来。到我外出上学之前这十几年，我在寒暑假和周末经常下乡，了解那时的北方农村。我割过麦子、收过红薯、拔过蒜薹，也捉过野兔、薅过野菜、摸过金蝉，与来自农村的同学一同下河游泳、喷洒农药、生火做饭，这块土地给予我的这些欢乐，我久久不能忘怀。此后的我，再没有将麦苗与韭菜混淆。在工作以后，我能够准确说出朋友圈里同事院子里种的所有蔬菜的名字，被称为"土地之光"。儿时的经历，不仅仅带给我欢乐的童年，也让我日后对于农村经济发展和农民生产、生活有了深刻的认知。

此后，从我外出读书至今的十几年间，因为工作、学习的原因，我几乎跑遍了中国的大部分省份，也曾数次出国交流。每到一处，我对当地经济的发展和风土人情都有新的认识，了解我们国家的可爱，也在思考我们与发达国家之间在资源禀赋、经济文化发展等方面的差异。这些年，我既对一线城市有了深入了解，并将它们与纽约、大阪、苏黎世等城市进行了对比分析，也对大西北农村产业分布、农民生活有所了解，思考南北方农村的产业与文化差异。在商业银行总行工作期间，我有幸接触各地分行的同事，与来自不同地区的同事交流；在政策性金融机构工作期间，我有幸对中国中央企业有了全局性的了解，熟悉其运转模式、激励方法与发展进程。但是，中国非常大，各行各业都有自己的特点，我所知还是甚少。同时，中国社会发展非常快，在"知中国"这方面，我做得还远远不够，将继续利用各种机会去深入了解。

在"服务中国"方面，我想，无论在什么工作岗位上，哪怕为这个国家做自己力所能及的一些小事情，让这个社会因为我的存在而变得更好一些，都算是能够服务中国。过去的十年，社会发展很快，守住初心，牢记使命，是对每一位经济学者和经济工作从业人员的要求。一生很长，也很短，我们能够为这个国家和社会服务是人生之幸，要抓住每一次服务国家与社会的机会，贡献自身的力量！

"知中国，服务中国"也将继续激励我，让我不断实事求是地追求真理，服务好我们可爱的国家。